DR. OETKER

SUPER SCHÜTTEL KUCHEN

EINFACH SCHÜTTELN – EINFACH LECKER

DR. OETKER

SUPER SCHÜTTEL KUCHEN

EINFACH SCHÜTTELN – EINFACH LECKER

Dr. Oetker Verlag

Vorwort

Die Super-Schüttelkuchen sind da.

Schüttelbecher auf, Zutaten hinein, Deckel drauf, schütteln und

fertig ist der Schüttelteig.

Und das alles ohne Handrührgerät.

Alle Rezepte wurden für diese neue Technik extra entwickelt

und sind leicht nachvollziehbar beschrieben.

Backen Sie sich durch die einfachen und doch raffinierten Rezepte

wie z. B. Murmeltorte, Süßer Pizza-Kranz, Erdbeer-Joghurt-Törtchen und

überzeugen Sie Ihre Familie und Freunde. Backen kann so einfach sein!

Abkürzungen

EL	= Esslöffel
TL	= Teelöffel
Msp.	= Messerspitze
Pck.	= Packung/Päckchen
g	= Gramm
kg	= Kilogramm
ml	= Milliliter
l	= Liter
Min.	= Minuten
evtl.	= eventuell
geh.	= gehäuft
gestr.	= gestrichen
TK	= Tiefkühlprodukt
°C	= Grad Celsius
Ø	= Durchmesser
E	= Eiweiß
F	= Fett
Kh	= Kohlenhydrate
kcal	= Kilokalorien
kJ	= Kilojoule

Hinweise zu den Rezepten

Lesen Sie bitte vor der Zubereitung – besser noch vor dem Einkaufen – das Rezept einmal vollständig durch. Oft werden Arbeitsabläufe oder -zusammenhänge dann klarer.
Die in den Rezepten angegebenen Backtemperaturen und -zeiten sind Richtwerte, die je nach individueller Hitzeleistung des Backofens über- oder unterschritten werden können. Bitte beachten Sie deshalb bei der Einstellung des Backofens die Gebrauchsanweisung des Herstellers und machen Sie nach Beendigung der Backzeit eine Garprobe.

Zubereitungszeiten

Die Zubereitungszeit beinhaltet nur die Zeit für die eigentliche Zubereitung, die Backzeiten sind gesondert ausgewiesen. Längere Wartezeiten, z. B. Kühlzeiten, sind ebenfalls nicht mit einbezogen.

Aprikosen-Schmand-Kuchen mit Mohnteig

Zubereitungszeit: 35 Min., ohne Kühlzeit
Backzeit: 25–30 Min.

Insgesamt:
E: 73 g, F: 298 g, Kh: 323 g, kJ: 18741, kcal: 4479

Für den Teig:
- **150 g Weizenmehl**
- **1 Pck. Saucen-Pulver Vanille-Geschmack, zum Kochen**
- **3 gestr. TL Backpulver**
- **125 g Zucker**
- **3 Eier (Größe M)**
- **125 g zerlassene, abgekühlte Butter oder Margarine**
- **100 ml Milch**
- **50 g Mohnsamen**

Für die Creme:
- **200 g Schmand (24 % Fett)**
- **75 g Gelierzucker (1:1-Produkt)**
- **250 ml (1/4 l) Schlagsahne**

Für den Belag:
- **350 g reife, aromatische Aprikosen**
- **100 g quadratische Schokowaffeln (z. B. „Afrika" von Bahlsen)**

1 Für den Teig Mehl mit Saucen-Pulver und Backpulver mischen, in eine verschließbare Schüssel (3-Liter-Inhalt) sieben und mit Zucker vermengen. Eier, Butter oder Margarine und Milch hinzufügen. Schüssel mit dem Deckel fest verschließen.

2 Mehrmals (insgesamt 15–30 Sekunden) kräftig schütteln, so dass alle Zutaten gut vermischt sind. Mohnsamen hinzugeben. Alles mit einem Schneebesen oder Rührlöffel nochmals sorgfältig durchrühren, damit vor allem trockene Zutaten vom Rand mit untergerührt werden.

3 Den Teig in eine Springform (Ø 26 cm, Boden gefettet) geben und glatt streichen. Die Form auf dem Rost in den Backofen schieben.

Ober-/Unterhitze:
etwa 180 °C (vorgeheizt)
Heißluft: etwa 160 °C (vorgeheizt)
Gas: Stufe 2–3 (vorgeheizt)
Backzeit: 25–30 Min.

4 Den Gebäckboden aus der Form lösen und auf einem Kuchenrost erkalten lassen. Boden auf eine Platte legen. Einen Tortenring oder den gesäuberten Springformrand darumstellen.

5 Für die Creme Schmand mit Gelierzucker gut verrühren. Sahne steif schlagen und unterheben. Die Creme auf den Boden streichen. Den Kuchen mindestens 2 Stunden kalt stellen. Den Tortenring oder den Springformrand lösen und entfernen.

6 Für den Belag Aprikosen waschen, abtropfen lassen, halbieren, entsteinen und in Spalten schneiden. Den Kuchen vor dem Servieren mit Schokowaffeln und Aprikosenspalten garnieren.

Tipp:
Sie können statt des Schmands auch Crème fraîche verwenden.

Frischer Schüttelkuchen

Zubereitungszeit: 35 Min.
Backzeit: etwa 60 Min.

Insgesamt:
E: 65 g, F: 127 g, Kh: 257 g, kJ: 10385, kcal: 2481

Zum Vorbereiten:
- **1 Dose Fruchtcocktail (Abtropfgewicht 340 g)**

Für den Teig:
- **3 EL (50 g) Weizengrieß**
- **1 gestr. TL Backpulver**
- **125 g Zucker**
- **1 Pck. Vanillin-Zucker**
- **500 g Magerquark**
- **3 Eier (Größe M)**
- **2 EL Zitronensaft**
- **2 EL Cocktailfruchtsaft**
- **125 g zerlassene, abgekühlte Butter oder Margarine**

Nach Belieben zum Bestäuben:
- **Puderzucker**

1 Zum Vorbereiten Fruchtcocktail in einem Sieb abtropfen lassen, den Saft dabei auffangen.

2 Für den Teig Grieß mit Backpulver mischen, in eine verschließbare Schüssel (3-Liter-Inhalt) geben, mit Zucker und Vanillin-Zucker vermengen. Quark, Eier, Zitronen- und Cocktailfruchtsaft und Butter oder Margarine hinzufügen. Schüssel mit dem Deckel fest verschließen.

3 Mehrmals (insgesamt 15–30 Sekunden) kräftig schütteln, so dass alle Zutaten gut vermischt sind. Alles mit einem Schneebesen oder Rührlöffel nochmals sorgfältig durchrühren, damit vor allem trockene Zutaten vom Rand mit untergerührt werden.

4 Den Teig in eine Springform (Ø 26 cm, Boden gefettet) füllen und glatt streichen. Fruchtcocktail gleichmäßig darauf verteilen. Die Form auf dem Rost in den Backofen schieben.

Ober-/Unterhitze:
etwa 180 °C (vorgeheizt)
Heißluft: etwa 160 °C (nicht vorgeheizt)
Gas: Stufe 2–3 (nicht vorgeheizt)
Backzeit: etwa 60 Min.

5 Die Form auf einen Kuchenrost stellen. Kuchen etwas abkühlen lassen. Dann aus der Form lösen und auf einem Kuchenrost erkalten lassen.

6 Den Kuchen am Rand nach Belieben mit Puderzucker bestäuben.

Tipp:
Falls die Oberfläche des Kuchens zu dunkel wird, den Kuchen nach der Hälfte der Backzeit mit Backpapier abdecken.

Traubenwähe

Zubereitungszeit: 30 Min., ohne Teiggehzeit
Backzeit: etwa 30 Min.

Insgesamt:
E: 35 g, F: 85 g, Kh: 316 g, kJ: 9481, kcal: 2266

Für den Teig:
- **200 g Weizenmehl**
- **2 gestr. TL Trockenhefe**
- **50 g Zucker**
- **1 Pck. Vanillin-Zucker**
- **50 g zerlassene, abgekühlte Butter oder Margarine**
- **10 EL (120 ml) warme Milch**

Für den Belag:
- **je 250 g helle und dunkle Weintrauben**

Für den Guss:
- **100 ml Schlagsahne**
- **1 Eigelb (Größe M)**
- **1 Pck. Saucenpulver Vanille-Geschmack (ohne Kochen)**
- **1 EL Zucker**

1 Für den Teig Mehl in eine verschließbare Schüssel (3-Liter-Inhalt) sieben, mit Trockenhefe, Zucker und Vanillin-Zucker mischen. Butter oder Margarine und Milch hinzufügen, Schüssel mit dem Deckel fest verschließen. Mehrmals (insgesamt 15–30 Sekunden, je nach Menge der Zutaten) kräftig schütteln, so dass alle Zutaten gut vermischt sind. Alles mit einem Rührlöffel nochmals sorgfältig durchrühren, damit vor allem trockene Zutaten vom Rand mit untergerührt werden.

2 Den Teig gleichmäßig in eine Tarteform (Ø 28 cm) oder eine Springform (Ø 26 cm, gefettet) füllen, am Rand etwas hochdrücken. Zugedeckt bei Zimmertemperatur etwa 15 Minuten stehen lassen.

3 Für den Belag Weintrauben waschen, trockentupfen, halbieren, entkernen und dachziegelartig auf dem Teig verteilen.

4 Für den Guss Sahne mit Eigelb, Saucenpulver und Zucker verrühren. Guss über die Trauben gießen. Die Form auf dem Rost in den Backofen schieben.

Ober-/Unterhitze: etwa 200 °C (vorgeheizt)
Heißluft: etwa 180 °C (vorgeheizt)
Gas: Stufe 3–4 (vorgeheizt)
Backzeit: etwa 30 Min.

Tipp:
Anstelle von Trockenhefe kann auch ein Päckchen Hefeteig Garant verwendet werden. Hefeteig Garant ist ein spezielles Backtriebmittel für alle Hefeteige. Die lange Teiggehzeit entfällt. Das Aufgehen des Teiges erfolgt während des Backvorganges.

Heidelbeertarte

Zubereitungszeit: 25 Min.
Backzeit: etwa 35 Min.

Insgesamt:
E: 47 g, F: 100 g, Kh: 372 g, kJ: 11257, kcal: 2687

Für den Teig:
- **250 g Dinkel-Vollkornmehl**
- **2 gestr. TL Backpulver**
- **120 g brauner Zucker**
- **1 Prise Salz**
- **2 Eier (Größe M)**
- **8 EL (100 ml) Milch**
- **5 EL (50 ml) Nussöl**
- **3 EL Speiseöl**

Für den Belag:
- **1 Pck. (300 g) TK-Heidelbeeren**

Zum Bestäuben:
- **Puderzucker**

1 Für den Teig Mehl und Backpulver in einer verschließbaren Schüssel (3-Liter-Inhalt) mischen. Zucker, Salz, Eier, Milch, Nuss- und Speiseöl hinzufügen, Schüssel mit dem Deckel fest verschließen. Mehrmals (insgesamt 15–30 Sekunden, je nach Menge der Zutaten) kräftig schütteln, so dass alle Zutaten gut vermischt sind. Alles mit einem Schneebesen oder Rührlöffel nochmals sorgfältig durchrühren, damit vor allem trockene Zutaten vom Rand mit untergerührt werden.

2 Den Teig in eine Tarteform (Ø 30 cm, gefettet) füllen und mit gefrorenen Heidelbeeren bestreuen. Form auf dem Rost in den Backofen schieben.

Ober-/Unterhitze:
etwa 180 °C (vorgeheizt)
Heißluft:
etwa 160 °C (nicht vorgeheizt)
Gas: Stufe 2–3 (nicht vorgeheizt)
Backzeit: etwa 35 Min.

3 Die Form auf einen Kuchenrost stellen und erkalten lassen. Tarte vor dem Servieren mit Puderzucker bestäuben. Nach Belieben die erkaltete Tarte mit Hilfe eines Pfannenwenders aus der Form nehmen und auf eine Platte legen.

Tipp:
Gut schmeckt dazu Eierlikörsahne. Dazu unter 250 ml (¼ l) steif geschlagene Sahne 3 Esslöffel Eierlikör heben.

Pflaumentarte

Zubereitungszeit: 30 Min.
Backzeit: etwa 45 Min.

Insgesamt:
E: 59 g, F: 201 g, Kh: 270 g, kJ: 13745, kcal: 3283

Zum Vorbereiten:
- **600 g Pflaumen**

Für den Teig:
- **125 g Weizenmehl**
- **2 gestr. TL Backpulver**
- **75 g feinster Zucker**
- **1 Pck. Vanillin-Zucker**
- **1 Ei (Größe M)**
- **100 g Magerquark**
- **100 ml Speiseöl**
- **100 ml Schlagsahne**

Für die Form:
- **20 g abgezogene, gemahlene Mandeln**

Für den Guss:
- **100 ml Schlagsahne**
- **1 Ei (Größe M)**
- **25 g abgezogene, gemahlene Mandeln**
- **1 EL Zucker**

1 Zum Vorbereiten Pflaumen waschen, halbieren, entsteinen, einschneiden.

2 Für den Teig Mehl mit Backpulver mischen, in eine verschließbare Schüssel (3-Liter-Inhalt) sieben, mit Zucker und Vanillin-Zucker mischen. Ei, Quark, Öl und Sahne hinzufügen, Schüssel mit dem Deckel fest verschließen. Mehrmals (insgesamt 15–30 Sekunden, je nach Menge der Zutaten) kräftig schütteln, so dass alle Zutaten gut vermischt sind. Alles mit einem Schneebesen oder Rührlöffel nochmals sorgfältig durchrühren, damit vor allem trockene Zutaten vom Rand mit untergerührt werden.

3 Eine Tarteform (Ø 28 cm, gefettet) mit Mandeln ausstreuen, den Teig hineingeben und glatt streichen. Die Pflaumen dachziegelartig darauf verteilen. Die Form auf dem Rost in den Backofen schieben.

Ober-/Unterhitze:
etwa 180 °C (vorgeheizt)
Heißluft:
etwa 160 °C (nicht vorgeheizt)
Gas: Stufe 2–3 (nicht vorgeheizt)
Backzeit: etwa 45 Min.

4 Für den Guss Sahne, Ei, Mandeln und Zucker gut verrühren. Guss nach 20 Minuten Backzeit auf der Tarte verteilen. Bei gleicher Temperatureinstellung fertig backen.

5 Die Form auf einen Kuchenrost stellen und den Kuchen erkalten lassen.

Tipp:
Dazu geschlagene Sahne oder Vanillesauce reichen.

Fürst-Pückler-Kranz

Zubereitungszeit: 35 Min.
Backzeit: etwa 40 Min.

Insgesamt:
E: 87 g, F: 224 g, Kh: 513 g, kJ: 19184, kcal: 4583

Für den Teig:
- **350 g Weizenmehl**
- **1 Pck. Backpulver**
- **150 g Zucker**
- **1 Pck. Vanillin-Zucker**
- **4 Eier (Größe M)**
- **175 g zerlassene, abgekühlte Butter oder Margarine**
- **150 ml Milch**

Für den hellen Teig:
- **30 g abgezogene, gemahlene Mandeln**

Für den dunklen Teig:
- **1 Pck. (25 g) Trinkschokoladenpulver**
- **50 g Raspelschokolade**
- **2 EL Milch**

Für den roten Teig:
- **2 EL „Instant"-Getränkepulver Kirsch-Geschmack (z. B. QUENCH®)**
- **30 g Kokosraspel**

1 Für den Teig Mehl mit Backpulver mischen, in eine verschließbare Schüssel (3-Liter-Inhalt) sieben, mit Zucker und Vanillin-Zucker vermengen. Eier, Butter oder Margarine und Milch hinzufügen. Die Schüssel mit dem Deckel fest verschließen.

2 Mehrmals (insgesamt 15–30 Sekunden) kräftig schütteln, so dass alle Zutaten gut vermischt sind. Alles mit einem Schneebesen oder Rührlöffel sorgfältig durchrühren, damit vor allem trockene Zutaten vom Rand mit untergerührt werden. Den Teig in 3 Teile teilen.

3 Für den hellen Teig ein Drittel des Teiges mit den Mandeln verrühren.

4 Für den dunklen Teig ein Drittel des Teiges mit Trinkschokoladenpulver, Raspelschokolade und Milch verrühren.

5 Für den roten Teig den restlichen Teig mit dem Getränkepulver und den Kokosraspeln verrühren.

6 Die 3 Teige abwechselnd in eine Springform mit Rohrboden (Ø 26 cm, gefettet, bemehlt) füllen. Die Form auf dem Rost in den Backofen schieben.

Ober-/Unterhitze:
etwa 180 °C (vorgeheizt)
Heißluft: etwa 160 °C (vorgeheizt)
Gas: Stufe 2–3 (vorgeheizt)
Backzeit: etwa 40 Min.

7 Nach dem Backen den Kuchen in der Form etwa 10 Minuten stehen lassen, auf einen mit Backpapier belegten Kuchenrost stürzen. Kuchen erkalten lassen.

Tipp:
Den erkalteten Kranz nach Belieben mit Puderzucker bestäuben.

® Registered trademark of Kraft Foods

Geleeblüte

Zubereitungszeit: 40 Min., ohne Abkühlzeit
Backzeit: 25–30 Min.

Insgesamt:
E: 60 g, F: 329 g, Kh: 318 g, kJ: 19521, kcal: 4665

Für den Teig:
- **50 g Weizenmehl**
- **3 gestr. TL Backpulver**
- **125 g Zucker**
- **½ TL gemahlener Zimt**
- **1 Ei (Größe M)**
- **150 g zerlassene, abgekühlte Butter oder Margarine**
- **125 g abgezogene, gemahlene Mandeln**

Für den Belag:
- **50 g Raspelschokolade**
- **400 ml Schlagsahne**
- **2 Pck. Sahnesteif**

Zum Garnieren:
- **100 g Geleefrüchte (z. B. nimm2 Lachgummi)**
- **7 halbierte Ananasscheiben (aus der Dose)**

1 Für den Teig Mehl mit Backpulver mischen, in eine verschließbare Schüssel (3-Liter-Inhalt) sieben, mit Zucker und Zimt vermengen. Ei, Butter oder Margarine und Mandeln hinzufügen. Schüssel mit dem Deckel fest verschließen.

2 Mehrmals (insgesamt 15–30 Sekunden) kräftig schütteln, so dass alle Zutaten gut vermischt sind. Alles mit einem Schneebesen oder Rührlöffel nochmals sorgfältig durchrühren, damit vor allem trockene Zutaten vom Rand mit untergerührt werden.

3 Den Teig in eine Springform (Ø 28 cm, Boden gefettet) füllen. Die Form auf dem Rost in den Backofen schieben.

Ober-/Unterhitze: etwa 180 °C (vorgeheizt)
Heißluft: etwa 160 °C (vorgeheizt)
Gas: Stufe 2–3 (vorgeheizt)
Backzeit: 25–30 Min.

4 Den Gebäckboden aus der Form lösen und auf einem Kuchenrost erkalten lassen.

5 Den Gebäckboden rundherum so ausschneiden, dass eine Blüte entsteht. Die abgeschnittenen Gebäckreste fein zerbröseln.

6 Für den Belag drei Viertel der Gebäckbrösel mit drei Viertel der Raspelschokolade vermischen. Sahne mit Sahnesteif steif schlagen und unterheben. Halbe Ananasringe als Begrenzung der Blütenblätter auf die Teigblüte legen. Die Füllung auf dem Blütenboden gleichmäßig verteilen.

7 Torte wie eine Blüte mit Geleefrüchten, restlichen Teigbröseln und Raspelschokolade garnieren.

Tipp:
Anstatt der Ananasscheiben können auch halbierte und entsteinte blaue oder grüne Weintrauben als Begrenzung auf die Teigblüte gelegt werden.

Johannisbeer-Ring

Zubereitungszeit: 40 Min.
Backzeit: etwa 45 Min.

Insgesamt:
E: 62 g, F: 110 g, Kh: 341 g, kJ: 11335, kcal: 2707

Zum Vorbereiten:
- **150 g Johannisbeeren**
- **100 g Marzipan-Rohmasse**

Für den Teig:
- **150 g Weizenmehl**
- **2 gestr. TL Backpulver**
- **100 g Zucker**
- **1 Pck. Vanillin-Zucker**
- **2 Eier (Größe M)**
- **4 EL Milch**
- **5 EL Speiseöl**
- **100 g Haferflocken**

Für die Form:
- **1 EL Haferflocken**

1 Zum Vorbereiten Johannisbeeren waschen, abtropfen lassen und entstielen. Marzipan-Rohmasse in hauchdünne Scheiben schneiden.

2 Für den Teig Mehl mit Backpulver mischen, in eine verschließbare Schüssel (3-Liter-Inhalt) sieben, mit Zucker und Vanillin-Zucker vermengen. Eier, Milch und Speiseöl hinzufügen. Schüssel mit dem Deckel fest verschließen.

3 Mehrmals (insgesamt 15–30 Sekunden) kräftig schütteln, so dass alle Zutaten gut vermischt sind. Haferflocken hinzugeben. Alles mit einem Schneebesen oder Rührlöffel nochmals sorgfältig durchrühren, damit vor allem trockene Zutaten vom Rand mit untergerührt werden.

4 Den Teig in eine Springform mit Rohrboden (Ø 24 cm, gefettet, mit Haferflocken ausgestreut) füllen und glatt streichen.

5 Johannisbeeren und Marzipanscheiben auf dem Teig verteilen und mit einem Teelöffel unterheben. Die Form auf dem Rost in den Backofen schieben.

Ober-/Unterhitze:
etwa 180 °C (vorgeheizt)
Heißluft: etwa 160 °C (nicht vorgeheizt)
Gas: Stufe 2–3 (nicht vorgeheizt)
Backzeit: etwa 45 Min.

6 Den Kuchen 10 Minuten in der Form stehen lassen. Dann aus der Form lösen, stürzen und auf einem Kuchenrost erkalten lassen.

Tipp:
Die Marzipan-Rohmasse lässt sich besonders gut in Scheiben schneiden, wenn sie vorher einige Zeit in den Kühlschrank gelegt wurde.

Apfel-Aprikosenmus-Kuchen

Zubereitungszeit: 40 Min., ohne Ruhezeit
Backzeit: etwa 35 Min.

Insgesamt:
E: 73 g, F: 101 g, Kh: 707 g, kJ: 17281, kcal: 4133

Für den Teig:
- **300 g Weizenmehl**
- **1 Pck. Hefeteig Garant**
- **75 g Zucker**
- **2 Pck. Vanillin-Zucker**
- **1 TL gemahlener Zimt**
- **75 g zerlassene, abgekühlte Butter oder Margarine**
- **175 ml Buttermilch (Zimmertemperatur)**

Für die Füllung:
- **2 EL Zitronensaft**
- **1 Pck. Saucen-Pulver Vanille-Geschmack**
- **1 Glas Apfel-Aprikosenmus (Einwaage 500 g)**

Zum Bestreichen:
- **3 EL Milch**

Zum Bestreuen:
- **2 EL Zimt-Zucker**

1 Für den Teig Mehl in eine verschließbare Schüssel (3-Liter-Inhalt) sieben, mit Hefeteig Garant sorgfältig vermengen. Zucker, Vanillin-Zucker und Zimt mischen, zusammen mit Butter oder Margarine und Buttermilch hinzufügen. Schüssel mit dem Deckel fest verschließen.

2 Mehrmals (insgesamt 15–30 Sekunden) kräftig schütteln, so dass alle Zutaten gut vermischt sind. Alles mit einem Schneebesen oder Rührlöffel nochmals sorgfältig durchrühren, damit vor allem trockene Zutaten vom Rand mit untergerührt werden. Den Teig gut mit Mehl bestäuben.

3 Die Hälfte des Teiges auf leicht bemehltem Backpapier zu einer runden Platte ausrollen (Ø 28 cm) und aufrollen. Restlichen Teig in eine Springform (Ø 26 cm, Boden gefettet) geben und flach drücken, dabei den Rand etwas hochdrücken.

4 Für die Füllung Zitronensaft mit Saucen-Pulver und etwas von dem Mus verrühren, dann mit dem restlichen Mus verrühren. Die Musmasse auf den Teigboden geben und glatt streichen.

5 Die aufgerollte Teigdecke darauf wieder abrollen und den Rand andrücken. Teigdecke mit einem Holzspieß mehrmals einstechen (damit die Luft entweichen kann), mit Milch bestreichen und mit Zimt-Zucker bestreuen. Den Teig etwa 15 Minuten ruhen lassen.

6 Die Form auf dem Rost in den Backofen schieben.

Ober-/Unterhitze: etwa 200 °C (vorgeheizt)
Heißluft: etwa 180 °C (nicht vorgeheizt)
Gas: Stufe 3–4 (nicht vorgeheizt)
Backzeit: etwa 35 Min.

7 Den Kuchen aus der Form lösen und auf einem Kuchenrost erkalten lassen.

Gestürzter Birnenkuchen

Zubereitungszeit: 55 Min.
Backzeit: 30–35 Min.

Insgesamt:
E: 57 g, F: 139 g, Kh: 511 g, kJ: 15236, kcal: 3643

Zum Vorbereiten:
- **5 kleine Birnen (700 g)**
- **1 EL Zitronensaft**
- **50 g Butter**
- **150 g Zucker**
- **2 EL Zitronensaft**

- **100 g Walnusskerne**

Für den Teig:
- **250 g Weizenmehl (Type 550)**
- **2 gestr. TL Backpulver**
- **100 g Zucker**
- **1 Prise Salz**
- **3 Eier (Größe M)**
- **6 EL Milch**
- **4 EL Nussöl**
- **3 EL neutrales Speiseöl, z.B. Rapsöl**

1 Zum Vorbereiten Birnen schälen, halbieren, vierteln und entkernen. Birnenviertel mit 1 Esslöffel Zitronensaft beträufeln.

2 Butter, Zucker und Zitronensaft in einem kleinen Topf ohne Deckel 1 Minute kochen lassen. Die Zuckermasse sofort in eine Springform (Ø 26 cm, Boden mit Backpapier belegt) gießen. Birnenviertel und Walnusskerne kreisförmig darauf legen.

3 Für den Teig Mehl mit Backpulver mischen, in eine verschließbare Schüssel (3-Liter-Inhalt) sieben, mit Zucker und Salz vermengen. Eier, Milch, Nuss- und Speiseöl hinzufügen. Schüssel mit dem Deckel fest verschließen.

4 Mehrmals (insgesamt 15–30 Sekunden) kräftig schütteln, so dass alle Zutaten gut vermischt sind. Alles mit einem Schneebesen oder Rührlöffel nochmals sorgfältig durchrühren, damit vor allem trockene Zutaten vom Rand mit untergerührt werden.

5 Den Teig auf die Birnenstücke geben und glatt streichen. Die Form auf dem Rost in den Backofen schieben.

Ober-/Unterhitze:
etwa 180 °C (vorgeheizt)
Heißluft: etwa 160 °C (vorgeheizt)
Gas: Stufe 2–3 (vorgeheizt)
Backzeit: 30–35 Min.

6 Die Form auf einen Kuchenrost stellen. Den Kuchen in der Form etwas abkühlen lassen. Dann aus der Form lösen und auf einen Kuchenrost stürzen. Mitgebackenes Backpapier abziehen. Kuchen erkalten lassen.

Tipp:
Die Torte mit Schokoladensahne garnieren. Dafür 250 ml (¼ l) Schlagsahne mit 1 Päckchen Sahnesteif steif schlagen und vorsichtig 75 g aufgelöste, lauwarme Schokolade unterrühren.

Süsser Pizzakranz mit Äpfeln und Weintrauben

Titelfoto

Zubereitungszeit: 35 Min., ohne Teiggehzeit
Backzeit: 30–35 Min.

Insgesamt:
E: 68 g, F: 164 g, Kh: 525 g, kJ: 16696, kcal: 3987

Für den Teig:
- **300 g Weizenmehl**
- **1 Pck. Trockenhefe**
- **150 g Zucker**
- **3 Eier (Größe M)**
- **125 g zerlassene, abgekühlte Butter**

Für den Schmandguss:
- **150 g Schmand**
- **1 Eigelb (Größe M)**
- **100 g gesiebter Puderzucker**
- **abgeriebene Schale von 1 Zitrone (unbehandelt)**

Für den Belag:
- **2 Äpfel, z. B. ein grüner und ein roter Apfel**
- **Saft von 1 Zitrone**
- **150 g blaue, kernlose Weintrauben**

1 Für den Teig Mehl in eine verschließbare Schüssel (3-Liter-Inhalt) sieben, mit Trockenhefe und Zucker sorgfältig vermischen. Eier und Butter hinzufügen. Schüssel mit dem Deckel fest verschließen.

2 Mehrmals (insgesamt 15-30 Sekunden) kräftig schütteln, so dass alle Zutaten gut vermischt sind. Alles mit einem Schneebesen oder Rührlöffel nochmals sorgfältig durchrühren, damit vor allem trockene Zutaten vom Rand mit untergerührt werden.

3 Den Teig in einer Pizza-Form (Ø 28 cm, gefettet) verteilen und zugedeckt an einem warmen Ort so lange gehen lassen, bis er sich sichtbar vergrößert hat (etwa 30 Minuten).

4 Für den Schmandguss Schmand in eine Schüssel geben. Schmand mit Eigelb, Puderzucker und Zitronenschale glatt rühren. Den Schmandguss auf den Teig geben und glatt streichen.

5 Für den Belag Äpfel waschen, abtrocknen, vierteln, entkernen und in dünne Spalten schneiden. Apfelspalten sofort mit Zitronensaft beträufeln. Weintrauben waschen, trockentupfen und entstielen. Apfelspalten und Weintrauben auf dem Schmandguss verteilen. Die Form auf dem Rost in den Backofen schieben.

Ober-/Unterhitze:
etwa 200 °C (vorgeheizt)
Heißluft:
etwa 180 °C (nicht vorgeheizt)
Gas: Stufe 3–4 (nicht vorgeheizt)
Backzeit: 30–35 Min.

6 Die Pizza auf einen Kuchenrost stellen, etwas abkühlen lassen und lauwarm servieren.

Tipp:
Sie können statt des Schmand auch einen Becher Crème fraîche verwenden.

Mandel-Orangen-Kuchen

Zubereitungszeit: 25 Min.
Backzeit: etwa 40 Min.

Insgesamt:
E: 106 g, F: 339 g, Kh: 525 g, kJ: 24521, kcal: 5857

Für den Teig:
- **250 g Weizenmehl**
- **1 gestr. TL Backpulver**
- **175 g Zucker**
- **1 Pck. Vanillin-Zucker**
- **50 g Hartweizengrieß**
- **1 Msp. gemahlener Zimt**
- **½ TL Finesse Orangenfrucht**
- **4 Eier (Größe M)**
- **125 g zerlassene, abgekühlte Butter oder Margarine**
- **100 ml Speiseöl**
- **150 g abgezogene, gemahlene Mandeln**

Für die Füllung:
- **250 g Orangenmarmelade**

Zum Bestreuen:
- **50 g abgezogene, gehobelte Mandeln**

Zum Bestäuben:
- **Puderzucker**

1 Für den Teig Mehl und Backpulver mischen, in eine verschließbare Schüssel (3-Liter-Inhalt) sieben, mit Zucker, Vanillin-Zucker, Grieß, Zimt und Orangenfrucht mischen. Eier, Butter oder Margarine und Öl hinzufügen, Schüssel mit dem Deckel fest verschließen. Mehrmals (insgesamt 15–30 Sekunden, je nach Menge der Zutaten) kräftig schütteln, so dass alle Zutaten gut vermischt sind. Mandeln hinzugeben. Alles mit einem Schneebesen oder Rührlöffel nochmals sorgfältig durchrühren, damit vor allem trockene Zutaten vom Rand mit untergerührt werden.

2 Zwei gut gehäufte Esslöffel des Teiges in einen Spritzbeutel mit kleiner Lochtülle oder in ein Schälchen füllen. Den restlichen Teig in eine Springform (Ø 26 cm, gefettet) geben und glatt streichen.

3 Für die Füllung Marmelade auf dem Teig verteilen. Teigrest mit dem Spritzbeutel gitterartig mit großem Abstand darüber spritzen oder mit dem Teelöffel kleine Häufchen darauf verteilen, mit Mandelblättchen bestreuen. Die Form auf dem Rost in den Backofen schieben.

Ober-/Unterhitze:
etwa 180 °C (vorgeheizt)
Heißluft:
etwa 160 °C (nicht vorgeheizt)
Gas: Stufe 2–3 (nicht vorgeheizt)
Backzeit: etwa 40 Min.

4 Den Kuchen aus der Form lösen und auf einem Kuchenrost erkalten lassen. Kuchen mit Puderzucker bestäuben.

Tipp:
Anstatt der Orangenmarmelade können auch Preiselbeeren oder Pflaumenmus aus dem Glas verwendet werden. Die Mandeln können durch Haselnusskerne ersetzt werden.

Nusskuchen

Zubereitungszeit: 30 Min., ohne Abkühlzeit
Backzeit: etwa 40 Min.

Insgesamt:
E: 99 g, F: 270 g, Kh: 594 g, kJ: 23425, kcal: 5595

Für den Teig:
- **300 g Weizenmehl**
- **1 Pck. Backpulver**
- **150 g Zucker**
- **1 Pck. Vanillin-Zucker**
- **4 Eier (Größe M)**
- **100 g zerlassene, abgekühlte Butter oder Margarine**
- **150 ml Eierlikör**
- **1 Pck. Finesse Amaretto-Bittermandel-Aroma**
- **50 g gemahlene Haselnusskerne**
- **100 g Raspelschokolade**

Für den Guss:
- **100 g Halbbitter-Kuvertüre**
- **20 g Kokosfett**

Zum Bestreuen:
- **100 g weiße Kuvertüre**

1 Für den Teig Mehl mit Backpulver mischen, in eine verschließbare Schüssel (3-Liter-Inhalt) sieben, mit Zucker und Vanillin-Zucker mischen. Eier, Butter oder Margarine, Eierlikör und Aroma hinzufügen, Schüssel mit dem Deckel fest verschließen. Mehrmals (insgesamt 15–30 Sekunden, je nach Menge der Zutaten) kräftig schütteln, so dass alle Zutaten gut vermischt sind. Haselnusskerne und Raspelschokolade hinzugeben, alles mit einem Schneebesen oder Rührlöffel nochmals sorgfältig durchrühren, damit vor allem trockene Zutaten vom Rand mit untergerührt werden.

2 Den Teig in eine Springform (Ø 26 cm, gefettet) füllen und glatt streichen. Die Form auf dem Rost in den Backofen schieben.

Ober-/Unterhitze:
etwa 180 °C (vorgeheizt)
Heißluft:
etwa 160 °C (nicht vorgeheizt)
Gas: Stufe 2–3 (nicht vorgeheizt)
Backzeit: etwa 40 Min.

3 Kuchen aus der Form lösen und auf einem Kuchenrost erkalten lassen.

4 Für den Guss Kuvertüre in kleine Stücke hacken, mit dem Kokosfett in einem kleinen Topf im Wasserbad bei schwacher Hitze zu einer geschmeidigen Masse verrühren. Den Kuchen mit dem Guss überziehen.

5 Zum Bestreuen die Kuvertüre mit einem Sparschäler raspeln. Die Raspel auf den noch nicht ganz fest gewordenen Guss streuen, so dass sie am Kuchen haften bleiben, aber nicht schmelzen.

Tipp:
Für Kinder kann der Kuchenteig anstatt mit Eierlikör mit Vanillejoghurt zubereitet werden.

Haferflocken-Bienenstich

Zubereitungszeit: 55 Min., ohne Abkühlzeit
Backzeit: 25–30 Min.

Insgesamt:
E: 72 g, F: 219 g, Kh: 480 g, kJ: 20791, kcal: 4966

Für den Belag:
- **50 g Butter**
- **100 g Zucker**
- **75 ml Schlagsahne**
- **100 g kernige Haferflocken**

Für den Teig:
- **175 g Weizenmehl**
- **2 gestr. TL Backpulver**
- **75 g Zucker**
- **1 Pck. Vanillin-Zucker**
- **½ Fläschchen Vanille-Aroma**
- **3 Eier (Größe M)**
- **125 g zerlassene, abgekühlte Butter oder Margarine**

Für die Füllung:
- **375 ml (3/8 l) Milch**
- **1 Pck. Pudding-Pulver Sahne-Geschmack**
- **50 g Zucker**
- **100 g weiche Butter**

1 Für den Belag Butter, Zucker und Sahne in einen Topf geben und aufkochen. Haferflocken hinzufügen und nochmals kurz aufkochen lassen. Masse etwas abkühlen lassen.

2 Für den Teig Mehl mit Backpulver in eine verschließbare Schüssel (3-Liter-Inhalt) sieben, mit Zucker und Vanillin-Zucker vermengen, Aroma, Eier und Butter oder Margarine hinzufügen. Die Schüssel mit dem Deckel fest verschließen. Mehrmals (insgesamt 15–30 Sekunden) kräftig schütteln, so dass alle Zutaten gut vermischt sind.

3 Alles mit einem Schneebesen oder Rührlöffel sorgfältig durchrühren, damit vor allem trockene Zutaten vom Rand mit untergerührt werden.

4 Den Teig in eine Springform (Ø 26 cm, Boden gefettet) füllen und glatt streichen. Den Belag vorsichtig mit einem Löffel auf dem Teig verteilen. Die Form auf dem Rost in den Backofen schieben.

Ober-/Unterhitze: etwa 180 °C (vorgeheizt)
Heißluft: etwa 160 °C (vorgeheizt)
Gas: Stufe 2–3 (vorgeheizt)
Backzeit: 25–30 Min.

5 Den Kuchen nach dem Backen aus der Form lösen und auf einem mit Backpapier belegten Kuchenrost erkalten lassen. Den Kuchen einmal waagerecht durchschneiden.

6 Für die Füllung aus Milch (aber nur mit 375 ml), Pudding-Pulver und Zucker nach Packungsanleitung einen Pudding zubereiten. Von der Kochstelle nehmen und die Butter unterrühren. Puddingcreme erkalten lassen, zwischendurch umrühren.

7 Die Puddingcreme auf den unteren Boden streichen. Den oberen Boden in 12 Stücke schneiden und auf der Puddingcreme verteilen. Den Kuchen etwa 1 Stunde kalt stellen.

Cappuccino-Torte

Zubereitungszeit: 50 Min., ohne Kühlzeit
Backzeit: etwa 30 Min.

Insgesamt:
E: 53 g, F: 275 g, Kh: 339 g, kJ: 17870, kcal: 4271

Für den Teig:
- **150 g Weizenmehl**
- **2 gestr. TL Backpulver**
- **75 g Puderzucker**
- **1 Pck. Instant Cappuccino-Pulver**
- **1 Ei (Größe M)**
- **125 g zerlassene, abgekühlte Butter oder Margarine**
- **150 g Naturjoghurt**
- **50 g gehackte Mokkabohnen**

Für die Füllung:
- **4 EL Kaffeelikör**
- **150 g geschmolzene Eiscreme Cappuccino-Geschmack**
- **400 ml Schlagsahne**
- **2 Pck. Sahnesteif**

Zum Garnieren:
- **50 g gehackte Mokkabohnen**

Zum Bestäuben:
- **1 EL Kakaopulver**
- **1 EL Puderzucker**

1 Für den Teig Mehl, Backpulver, Puderzucker und Instant-Pulver mischen und in eine verschließbare Schüssel (3-Liter-Inhalt) sieben. Ei, Butter oder Margarine und Joghurt hinzufügen. Schüssel mit dem Deckel fest verschließen.

2 Mehrmals (insgesamt 15–30 Sekunden) kräftig schütteln, so dass alle Zutaten gut vermischt sind. Mokkabohnen hinzugeben. Alles mit einem Schneebesen oder Rührlöffel nochmals sorgfältig durchrühren, damit vor allem trockene Zutaten vom Rand mit untergerührt werden.

3 Den Teig in eine Springform (Ø 26 cm, Boden gefettet) füllen. Die Form auf dem Rost in den Backofen schieben.

Ober-/Unterhitze: etwa 180 °C (vorgeheizt)
Heißluft: etwa 160 °C (vorgeheizt)
Gas: Stufe 2–3 (vorgeheizt)
Backzeit: etwa 30 Min.

4 Den Gebäckboden aus der Form lösen und auf einem Kuchenrost erkalten lassen. Von dem Gebäckboden das obere Drittel (etwa 1 cm) waagerecht abschneiden und fein zerbröseln. Den unteren Gebäckboden auf eine Platte legen.

5 Für die Füllung Gebäckbrösel mit Kaffeelikör vermischen. Die Masse auf dem Gebäckboden gleichmäßig verteilen.

6 Die geschmolzene Eiscreme mit einem Schneebesen glatt rühren. Sahne mit Sahnesteif steif schlagen und unter die Eiscreme heben.

7 Von der Eis-Sahne-Masse mit 2 Teelöffeln kleine Häufchen abnehmen. Diese gleichmäßig auf den Gebäckbröseln verteilen. Torte kalt stellen.

8 Zum Garnieren die Tortenoberfläche mit Mokkabohnen bestreuen und mit Kakao und Puderzucker bestäuben.

Doppeldecker-Torte mit Himbeeren

Zubereitungszeit: 40 Min.
Backzeit: etwa 40 Min.

Insgesamt:
E: 66 g, F: 152 g, Kh: 318 g, kJ: 12555, kcal: 2999

Für den Teig:
- **120 g Weizenmehl**
- **1 gestr. TL Backpulver**
- **80 g Zucker**
- **40 g fein gehackte Blockschokolade**
- **2 Eier (Größe M)**
- **100 g zerlassene, abgekühlte Butter oder Margarine**
- **3 EL Milch**

Für die Quarkmasse:
- **70 g Zucker**
- **etwas geriebene Zitronenschale (unbehandelt)**
- **30 g Hartweizengrieß**
- **4 EL Schlagsahne**
- **250 g Sahnequark (40 %)**

Zum Belegen:
- **100 g TK-Himbeeren**

Zum Bestreuen:
- **Puder- oder Hagelzucker**

1 Für den Teig Mehl mit Backpulver mischen, in eine verschließbare Schüssel (3-Liter-Inhalt) sieben, mit Zucker und Schokolade mischen. Eier, Butter oder Margarine und Milch hinzufügen, Schüssel mit dem Deckel fest verschließen. Mehrmals (insgesamt 15–30 Sekunden, je nach Menge der Zutaten) kräftig schütteln, so dass alle Zutaten gut vermischt sind. Alles mit einem Schneebesen oder Rührlöffel nochmals sorgfältig durchrühren, damit vor allem trockene Zutaten vom Rand mit untergerührt werden.

2 Teig in eine Springform (Ø 20 cm, Boden gefettet) füllen. Form auf dem Rost in den Backofen schieben und vorbacken.

Ober-/Unterhitze:
etwa 180 °C (vorgeheizt)
Heißluft: etwa 160 °C (vorgeheizt)
Gas: Stufe 2–3 (vorgeheizt)
Backzeit: etwa 15 Min.

3 Für die Quarkmasse Zucker, Zitronenschale, Grieß, Sahne und Quark in den Schüttelbecher geben, mit dem Deckel fest verschließen. Mehrmals kräftig schütteln, so dass alle Zutaten gut vermischt sind oder die Zutaten mit dem Schneebesen verrühren.

4 Kuchen auf einen Kuchenrost stellen und die Quarkmasse auf den vorgebackenen Kuchen geben. Himbeeren darauf legen und leicht andrücken. Kuchen wiederum auf dem Rost in den Backofen schieben und fertig backen.

Ober-/Unterhitze:
etwa 180 °C (vorgeheizt)
Heißluft: etwa 160 °C (vorgeheizt)
Gas: Stufe 2–3 (vorgeheizt)
Backzeit: etwa 25 Min.

5 Den Kuchen etwa 10 Minuten in der Form lassen, aus der Form lösen und auf einem Kuchenrost erkalten lassen. Kuchen mit Puder- oder Hagelzucker bestreuen.

Tipp:
Anstatt der Himbeeren können auch Blaubeeren verwendet werden.

Kürbis-Apfel-Torte

Zubereitungszeit: 45 Min., ohne Abkühlzeit
Backzeit: etwa 30 Min.

Insgesamt:
E: 48 g, F: 212 g, Kh: 346 g, kJ: 15057, kcal: 3598

Zum Vorbereiten:
- **175 g in kleine Würfel geschnittenes Kürbisfleisch**
- **100 ml Orangensaft**
- **150 g geraspelte Äpfel**
- **1 EL Zitronensaft**

Für den Teig:
- **200 g Weizenmehl**
- **3 gestr. TL Backpulver**
- **125 g Zucker**
- **1 Pck. Vanillin-Zucker**
- **2 Eier (Größe M)**
- **125 g zerlassene, abgekühlte Butter oder Margarine**
- **100 ml Schlagsahne**

Für den Belag:
- **200 ml Schlagsahne**
- **1 Pck. Sahnesteif**
- **1 EL gesiebter Puderzucker**

Zum Verzieren:
- **1 EL Himbeer- oder Johannisbeergelee**

1 Zum Vorbereiten Kürbisfleisch in einen Topf geben, unter Rühren mit dem Orangensaft aufkochen und 2–3 Minuten kochen lassen. Geraspelte Äpfel mit Zitronensaft vermischen und unterrühren. Die Fruchtmasse erkalten lassen.

2 Für den Teig Mehl mit Backpulver mischen, in eine verschließbare Schüssel (3-Liter-Inhalt) sieben, mit Zucker und Vanillin-Zucker vermengen. Eier, Butter oder Margarine und Sahne hinzufügen. Schüssel mit dem Deckel fest verschließen.

3 Mehrmals (insgesamt 15–30 Sekunden) kräftig schütteln, so dass alle Zutaten gut vermischt sind. Alles mit einem Schneebesen oder Rührlöffel nochmals sorgfältig durchrühren, damit vor allem trockene Zutaten vom Rand mit untergerührt werden.

4 Die Hälfte der Fruchtmasse unter den Teig heben. Den Teig in eine Springform (Ø 26 cm, Boden gefettet) füllen. Die Form auf dem Rost in den Backofen schieben.

Ober-/Unterhitze: etwa 180 °C (vorgeheizt)
Heißluft: etwa 160 °C (vorgeheizt)
Gas: Stufe 2–3 (vorgeheizt)
Backzeit: etwa 30 Min.

5 Den Kuchen aus der Form lösen, auf einen mit Backpapier belegten Kuchenrost legen und erkalten lassen. Den Kuchen auf eine Tortenplatte legen.

6 Für den Belag Sahne mit Sahnesteif und Puderzucker steif schlagen, restliche Fruchtmasse unterheben und auf den Kuchen streichen.

7 Zum Verzieren Gelee in einem kleinen Topf zum Kochen bringen. Die Tortenoberfläche mit Hilfe eines Teelöffels mit dem Gelee verzieren. Torte 1–2 Stunden kalt stellen.

Tipp:
Festfleischige Kürbissorten brauchen eine Garzeit von etwa 20 Minuten. Die Orangensaftmenge sollte dann um 50 ml erhöht werden.

Honig-Nougat-Kuppel

Zubereitungszeit: 35 Min., ohne Kühlzeit
Backzeit: etwa 35 Min.

Insgesamt:
E: 69 g, F: 329 g, Kh: 364 g, kJ: 28218, kcal: 4833

Für den Teig:
- **200 g Weizenmehl**
- **2 gestr. TL Backpulver**
- **1 Prise Salz**
- **1 Msp. gemahlener Ingwer**
- **3 Eier (Größe M)**
- **130 g zerlassene, abgekühlte Butter oder Margarine**
- **100 g flüssiger Honig**
- **4 EL Milch**

Für die Füllung:
- **100 g heller Nougat mit Krokant**
- **400 ml Schlagsahne**
- **2 EL Puderzucker**
- **2 Pck. Sahnesteif**

Für den Guss:
- **70 g Zartbitterschokolade**
- **1 TL Honig**
- **30 g Butter**

1 Für den Teig Mehl mit Backpulver mischen, in eine verschließbare Schüssel (3-Liter-Inhalt) sieben, mit Salz und Ingwer mischen. Eier, Butter oder Margarine, Honig und Milch hinzufügen, Schüssel mit dem Deckel fest verschließen. Mehrmals (insgesamt 15–30 Sekunden, je nach Menge der Zutaten) kräftig schütteln, so dass alle Zutaten gut vermischt sind. Alles mit einem Schneebesen oder Rührlöffel nochmals sorgfältig durchrühren, damit vor allem trockene Zutaten vom Rand mit untergerührt werden.

2 Teig in eine Springform (Ø 22 cm, Boden gefettet) füllen. Die Form auf dem Rost in den Backofen schieben.

Ober-/Unterhitze:
etwa 180 °C (vorgeheizt)
Heißluft:
etwa 160 °C (nicht vorgeheizt)
Gas: Stufe 2–3 (nicht vorgeheizt)
Backzeit: etwa 35 Min.

3 Kuchen lösen, auf einen Kuchenrost legen und erkalten lassen.

4 Den Kuchen mit einem Löffel bis auf 1–2 cm aushöhlen, dabei rundherum einen etwa 1 cm breiten Rand stehen lassen. Gebäckstücke mit den Händen zerbröseln.

5 Für die Füllung Nougat hacken. Sahne ½ Minute schlagen. Puderzucker und Sahnesteif mischen, einrieseln lassen, Sahne steif schlagen und Nougatstückchen unterheben.

6 Nougatsahne kuppelförmig in den ausgehöhlten Boden füllen. Brösel rundherum an die Sahne drücken.

7 Für den Guss Schokolade hacken. Schokolade, Honig und Butter in einen kleinen Topf geben und unter Rühren bei schwacher Hitze schmelzen lassen. Guss mit einem Teelöffel auf die Brösel sprenkeln. Kuchen mindestens eine Stunde kalt stellen.

Pina-Colada-Torte

Zubereitungszeit: 40 Min., ohne Kühlzeit
Backzeit: etwa 30 Min.

Insgesamt:
E: 109 g, F: 266 g, Kh: 467 g, kJ: 20371, kcal: 4867

Zum Vorbereiten:
- **40 g Kokosraspel**

Für den Teig:
- **200 g Weizenmehl**
- **3 gestr. TL Backpulver**
- **125 g Zucker**
- **1 Pck. Vanillin-Zucker**
- **3 Eier (Größe M)**
- **100 g zerlassene, abgekühlte Butter oder Margarine**
- **100 ml Milch**

Für den Belag:
- **6 Blatt weiße Gelatine**
- **1 Dose Ananasringe (Abtropfgewicht 490 g)**
- **75 ml Ananassaft**
- **400 g Doppelrahm-Frischkäse**
- **150 g Naturjoghurt**
- **150 ml Kokosmilch**
- **80 g Zucker**
- **1 Pck. Vanillin-Zucker**
- **1 Pck. Finesse Jamaica-Rum-Aroma**

1 Zum Vorbereiten Kokosraspel in einer Pfanne ohne Fett goldgelb rösten.

2 Für den Teig Mehl mit Backpulver mischen, in eine verschließbare Schüssel (3-Liter-Inhalt) sieben, mit Zucker und Vanillin-Zucker mischen. Eier, Butter oder Margarine und Milch hinzufügen, Schüssel mit dem Deckel fest verschließen. Mehrmals (insgesamt 15–30 Sekunden, je nach Menge der Zutaten) kräftig schütteln, so dass alle Zutaten gut vermischt sind. Alles mit einem Schneebesen oder Rührlöffel nochmals sorgfältig durchrühren, damit vor allem trockene Zutaten vom Rand mit untergerührt werden. Kokosraspel unterheben. Teig in eine Springform (Ø 26 cm, gefettet, mit Mehl bestäubt) füllen. Die Form auf dem Rost in den Backofen schieben.

Ober-/Unterhitze:
etwa 180 °C (vorgeheizt)
Heißluft: etwa 160 °C (vorgeheizt)
Gas: Stufe 2–3 (vorgeheizt)
Backzeit: etwa 30 Min.

3 Form auf einen Kuchenrost stellen, etwas abkühlen lassen und Kuchen aus der Form lösen.

4 Für den Belag Gelatine in kaltem Wasser nach Packungsanleitung einweichen. Ananas in einem Sieb abtropfen lassen, Saft auffangen und 75 ml davon abmessen. Die Hälfte der Ananasringe in kleine Würfel schneiden. Frischkäse, Joghurt, Kokosmilch, Zucker, Vanillin-Zucker und Aroma verrühren. Gelatine leicht ausdrücken. Gelatine mit Ananassaft in einem kleinen Topf unter Rühren auflösen, zu der Frischkäsecreme geben und gut verrühren. Creme kalt stellen. Wenn die Creme anfängt dicklich zu werden, die Ananaswürfel unterheben.

5 Um den Tortenboden den gesäuberten Springformrand oder einen Tortenring stellen. Frischkäsecreme hineingeben und glatt streichen. Die zurückgelassenen Ananasringe darauf verteilen. Torte mindestens 3 Stunden kalt stellen.

Erdbeer-Käfer-Torte

Zubereitungszeit: 55 Min., ohne Kühlzeit
Backzeit: etwa 30 Min.

Insgesamt:
E: 75 g, F: 347 g, Kh: 338 g, kJ: 20712, kcal: 4948

Für den Teig:
- **150 g Weizenmehl**
- **3 gestr. TL Backpulver**
- **1 Pck. Saucen-Pulver Vanille-Geschmack**
- **100 g Zucker**
- **4 Eier (Größe M)**
- **150 g zerlassene, abgekühlte Butter**

Für den Belag:
- **250 g frische oder TK-Erdbeeren**
- **1 EL Zucker**
- **1 Pck. Tortenguss, rot**

Für die Mohnsahne:
- **500 ml (1/2 l) Schlagsahne**
- **1 Pck. Sahnesteif**
- **1 Pck. Finesse Bourbon-Vanille-Aroma**
- **2 TL gesiebter Puderzucker**
- **2–3 EL Mohnsamen**

Zum Garnieren:
- **250 g frische Erdbeeren**

Zum Verzieren:
- **50 g Halbbitter-Kuvertüre**

1 Für den Teig Mehl mit Backpulver und Saucen-Pulver mischen, in eine verschließbare Schüssel (3-Liter-Inhalt) sieben, mit Zucker vermengen. Eier und Butter hinzufügen. Schüssel mit dem Deckel fest verschließen.

2 Mehrmals (insgesamt 15–30 Sekunden) kräftig schütteln, so dass alle Zutaten gut vermischt sind. Alles mit einem Schneebesen oder Rührlöffel nochmals sorgfältig durchrühren, damit vor allem trockene Zutaten vom Rand mit untergerührt werden.

3 Den Teig in eine Springform (Ø 26 cm, Boden gefettet) füllen und glatt streichen. Die Form auf dem Rost in den Backofen schieben.

Ober-/Unterhitze:
etwa 180 °C (vorgeheizt)
Heißluft: etwa 160 °C (vorgeheizt)
Gas: Stufe 2–3 (vorgeheizt)
Backzeit: etwa 30 Min.

4 Den Tortenboden aus der Form lösen und auf einem mit Backpapier belegten Kuchenrost erkalten lassen.

5 Für den Belag Erdbeeren waschen, abtropfen lassen, entstielen (TK-Erdbeeren auftauen lassen) und pürieren. Erdbeerpüree in einen Topf geben und mit Zucker und Tortengusspulver verrühren. Unter Rühren einmal aufkochen lassen. Die Erdbeermasse auf dem Tortenboden verteilen, kalt stellen.

6 Für die Mohnsahne Sahne mit Sahnesteif, Aroma und Puderzucker steif schlagen. Mohnsamen unterheben. Die Mohn-Sahne-Masse in einen Spritzbeutel mit Lochtülle füllen. Sahnetuffs auf die Erdbeermasse spritzen.

7 Zum Garnieren Erdbeeren waschen, abtropfen lassen und entstielen. Große Erdbeeren halbieren.

8 Zum Verzieren Kuvertüre in kleine Stücke hacken, in einem kleinen Topf im Wasserbad bei schwacher Hitze zu einer geschmeidigen Masse verrühren, in einen Gefrierbeutel füllen und eine Ecke abschneiden.

9 Mit der „Spritztüte" Augen und Flügel auf die Erdbeerhälften spritzen. Diese „Käfer" auf die Sahnetuffs legen.

Schoko-Butter-Torte

Zubereitungszeit: 35 Min., ohne Abkühlzeit
Backzeit: etwa 35 Min.

Insgesamt:
E: 82 g, F: 357 g, Kh: 488 g, kJ: 23839, kcal: 5696

Für den Teig:
- **150 g Weizenmehl**
- **2 gestr. TL Backpulver**
- **100 g feinster Zucker oder Puderzucker**
- **20 g Kakaopulver**
- **3 Eier (Größe M)**
- **125 g zerlassene, abgekühlte Butter**
- **150 g Naturjoghurt**

Für den Belag:
- **1 Glas Sauerkirschen (Abtropfgewicht 370 g)**
- **250 ml (¼ l) Kirschsaft**
- **1 Pck. Tortenguss, rot**
- **1 EL Zucker**

Für die Füllung:
- **500 ml (½ l) Schlagsahne**
- **2 Pck. Vanillin-Zucker**
- **2 Pck. Sahnesteif**

Zum Bestreichen:
- **75 g Zartbitterschokolade**
- **1 TL Speiseöl**
- **1 Pck. (150 g) Schokoplätzchen**

1 Für den Teig Mehl mit Backpulver mischen, in eine verschließbare Schüssel (3-Liter-Inhalt) sieben, mit Zucker oder Puderzucker und Kakao mischen. Eier, Butter und Joghurt hinzufügen, Schüssel mit dem Deckel fest verschließen. Mehrmals (insgesamt 15–30 Sekunden, je nach Menge der Zutaten) kräftig schütteln, so dass alle Zutaten gut vermischt sind. Alles mit einem Schneebesen oder Rührlöffel nochmals sorgfältig durchrühren, damit vor allem trockene Zutaten vom Rand mit untergerührt werden.

2 Teig in eine Springform (Ø 22 cm, gefettet) füllen, glatt streichen. Form auf dem Rost in den Backofen schieben.

Ober-/Unterhitze:
etwa 180 °C (vorgeheizt)
Heißluft:
etwa 160 °C (nicht vorgeheizt)
Gas: Stufe 2–3 (nicht vorgeheizt)
Backzeit: etwa 35 Min.

3 Den Boden aus der Form lösen, auf einem mit Backpapier belegten Kuchenrost erkalten lassen. Den erkalteten Boden bis auf 1–2 cm so aushöhlen, dass ein 1 cm breiter Rand stehen bleibt. Gebäckstücke zerbröseln, beiseite stellen. Für den Belag Sauerkirschen in ein Sieb zum Abtropfen geben, Saft auffangen und 250 ml (¼) abmessen.

4 Aus Tortenguss, Zucker und Kirschsaft nach Packungsanleitung einen Guss zubereiten, Kirschen unterheben. Die Kirschmasse etwas abkühlen lassen, in den ausgehöhlten Boden geben und glatt streichen. Die Torte kalt stellen.

5 Für die Füllung Sahne mit Vanillin-Zucker und Sahnesteif steif schlagen, kuppelförmig auf die Kirschen streichen und mit Bröseln bestreuen, etwas andrücken.

6 Zum Bestreichen Schokolade hacken, mit Öl in einem kleinen Topf im Wasserbad auflösen, den Kuchenrand damit bestreichen und mit den Schokoplätzchen garnieren. Restliche Plätzchen in die Sahne stecken.

Tipp:
Die Torte kann anstatt mit Kirschen auch mit Bananen gefüllt werden. Dafür etwa 3 mittelgroße Bananen schälen, in 1–2 cm dicke Stücke schneiden, mit 1–2 EL Zitronensaft vermengen und in den ausgehöhlten Boden geben.

Murmeltorte

Zubereitungszeit: 50 Min., ohne Kühlzeit
Backzeit: etwa 25 Min.

Insgesamt:
E: 36 g, F: 128 g, Kh: 400 g, kJ: 12583, kcal: 3007

Für den Teig:

- **150 g Weizenmehl**
- **2 gestr. TL Backpulver**
- **75 g Zucker**
- **1 Ei (Größe M)**
- **100 ml Speiseöl**
- **150 g Rahmjoghurt**

Für die Füllung:

- **½ Netzmelone**
- **75 ml klarer Apfelsaft**
- **1 Pck. Dessert-Sauce Vanille-Geschmack, ohne Kochen**

Für den Belag:

- **1 Beutel aus 1 Pck. Götterspeise Himbeer-Geschmack**
- **400 ml Apfelsaft**
- **75 g Zucker**
- **125 g kernlose, grüne Weintrauben**
- **75 g rote Johannisbeeren**

1 Für den Teig Mehl mit Backpulver mischen, in eine verschließbare Schüssel (3-Liter-Inhalt) sieben, mit Zucker vermengen. Ei, Speiseöl und Joghurt hinzufügen. Schüssel mit dem Deckel fest verschließen.

2 Mehrmals (insgesamt 15–30 Sekunden) kräftig schütteln, so dass alle Zutaten gut vermischt sind. Alles mit einem Schneebesen oder Rührlöffel nochmals sorgfältig durchrühren, damit vor allem trockene Zutaten vom Rand mit untergerührt werden.

3 Den Teig in eine Springform (Ø 26 cm, Boden gefettet) füllen. Die Form auf dem Rost in den Backofen schieben.

Ober-/Unterhitze: etwa 180 °C (vorgeheizt)
Heißluft: etwa 160 °C (vorgeheizt)
Gas: Stufe 2–3 (vorgeheizt)
Backzeit: etwa 25 Min.

4 Den Gebäckboden aus der Form lösen und auf einem mit Backpapier belegten Kuchenrost erkalten lassen. Gebäckboden einmal waagerecht durchschneiden. Den unteren Gebäckboden auf eine Tortenplatte legen.

5 Für die Füllung Melone durchschneiden, entkernen, kleine Kugeln ausstechen. Die Melonenkugeln beiseite stellen. Restliches Fruchtfleisch herauslösen und mit einer Gabel zerdrücken (etwa 80 g). Apfelsaft mit dem Fruchtpüree in eine Schüssel geben. Dessert-Saucenpulver nach Packungsanleitung unterrühren. Die Fruchtmasse auf den unteren Boden streichen. Den oberen Boden darauf legen. Einen Tortenring oder den gesäuberten Springformrand darumstellen.

6 Für den Belag Götterspeise nach Packungsanleitung mit den hier angegebenen Zutaten zubereiten und kalt stellen.

7 Weintrauben und Johannisbeeren waschen, abtropfen lassen, entstielen und mit den Melonenkugeln mischen. Wenn die Götterspeise anfängt dicklich zu werden, Früchte unterheben. Die Fruchtmasse sofort auf dem Boden verteilen.

8 Die Torte 2 Stunden kalt stellen. Vor dem Servieren den Tortenring oder Springformrand mit Hilfe eines Messers lösen und entfernen.

Tipp:
Die Fruchtmasse kann statt mit Götterspeise auch mit 2 Päckchen rotem Tortenguss, 75 g Zucker und 400 ml Apfelsaft zubereitet werden.

Blaue-Grütze-Torte

Zubereitungszeit: 30 Min., ohne Abkühlzeit
Backzeit: etwa 25 Min.

Insgesamt:
E: 60 g, F: 195 g, Kh: 461 g, kJ: 16580, kcal: 3963

Für den Teig:
- **200 g Weizenmehl**
- **3 gestr. TL Backpulver**
- **100 g Zucker**
- **2 Pck. Vanillin-Zucker**
- **3 Eier (Größe M)**
- **100 g zerlassene, abgekühlte Butter oder Margarine**
- **100 ml Milch**

Für die Füllung:
- **2 geh. EL Heidelbeer-konfitüre**

Für den Belag:
- **150 g Mascarpone (italienischer Frischkäse)**
- **1 Pck. Vanillin-Zucker**
- **2 Pck. Tortenguss, klar**
- **350 ml Apfelsaft**
- **50 g Zucker**
- **300 g verlesene Heidelbeeren**

Zum Verzieren:
- **50 g Mascarpone (italienischer Frischkäse)**
- **1 TL Zucker**
- **1 EL Milch**

1 Für den Teig Mehl mit Backpulver mischen, in eine verschließbare Schüssel (3-Liter-Inhalt) sieben, mit Zucker und Vanillin-Zucker vermengen. Eier, Butter oder Margarine und Milch hinzufügen. Schüssel mit dem Deckel fest verschließen.

2 Mehrmals (insgesamt 15–30 Sekunden) kräftig schütteln, so dass alle Zutaten gut vermischt sind. Alles mit einem Schneebesen oder Rührlöffel nochmals sorgfältig durchrühren, damit vor allem trockene Zutaten vom Rand mit untergerührt werden.

3 Den Teig in eine Springform (Ø 26 cm, Boden gefettet) füllen und glatt streichen. Die Form auf dem Rost in den Backofen schieben.

Ober-/Unterhitze: etwa 180 °C (vorgeheizt)
Heißluft: etwa 160 °C (vorgeheizt)
Gas: Stufe 2–3 (vorgeheizt)
Backzeit: etwa 25 Min.

4 Den Gebäckboden aus der Form lösen und auf einem mit Backpapier belegten Kuchenrost erkalten lassen. Den Boden einmal waagerecht durchschneiden. Den unteren Boden auf eine Tortenplatte legen und mit Konfitüre bestreichen. Den oberen Boden darauf legen und leicht andrücken.

5 Für den Belag Mascarpone mit Vanillin-Zucker verrühren. Die Creme bergartig auf den Boden streichen, dabei etwa 1 cm am Rand frei lassen. Einen Tortenring oder den gesäuberten Springformrand darumstellen.

6 Aus Tortengusspulver, Apfelsaft und Zucker nach Packungsanleitung – aber nur 350 ml Apfelsaft – einen Guss zubereiten. Heidelbeeren vorsichtig unterheben. Die Heidelbeermasse auf die Mascarponecreme geben, glatt streichen und fest werden lassen.

7 Zum Verzieren Mascarpone mit Zucker und Milch verrühren. Die Tortenoberfläche damit verzieren. Torte etwa 2 Stunden kalt stellen. Vor dem Servieren Tortenring oder Springformrand entfernen.

Schneller Kirsch-Mandel-Kuchen

Zubereitungszeit: 20 Min., ohne Abkühlzeit
Backzeit: etwa 25 Min.

Insgesamt:
E: 88 g, F: 208 g, Kh: 681 g, kJ: 21629, kcal: 5164

Zum Vorbereiten:

- **2 Gläser Sauerkirschen (Abtropfgewicht je 370 g)**

Für den Teig:

- **300 g Weizenmehl**
- **3 gestr. TL Backpulver**
- **150 g Zucker**
- **1 Pck. Vanillin-Zucker**
- **4 Eier (Größe M)**
- **150 g zerlassene, abgekühlte Butter oder Margarine**
- **100 g abgezogene, gemahlene Mandeln**

Für den Guss:

- **150 g Puderzucker**
- **etwas Kirschsaft**

1 Zum Vorbereiten Sauerkirschen in einem Sieb gut abtropfen lassen, evtl. mit Küchenpapier trockentupfen. Etwas Kirschsaft für den Guss zurückbehalten.

2 Für den Teig Mehl mit Backpulver mischen, in eine verschließbare Schüssel (3-Liter-Inhalt) sieben, mit Zucker und Vanillin-Zucker mischen. Eier und Butter oder Margarine hinzufügen, Schüssel mit dem Deckel fest verschließen. Mehrmals (insgesamt 15–30 Sekunden, je nach Menge der Zutaten) kräftig schütteln, so dass alle Zutaten gut vermischt sind, Mandeln hinzugeben. Alles mit einem Schneebesen oder Rührlöffel nochmals sorgfältig durchrühren, damit vor allem trockene Zutaten vom Rand mit untergerührt werden.

3 Den Teig auf ein Backblech (30x40 cm, gefettet, bemehlt) geben und glatt streichen, die Kirschen darauf verteilen. Das Backblech in den Backofen schieben.

Ober-/Unterhitze: etwa 180 °C (vorgeheizt)
Heißluft: etwa 160 °C (vorgeheizt)
Gas: Stufe 2–3 (vorgeheizt)
Backzeit: etwa 25 Min.

4 Das Backblech auf einen Kuchenrost stellen. Den Kuchen erkalten lassen.

5 Für den Guss Puderzucker sieben und mit so viel Kirschsaft anrühren, dass ein dickflüssiger Guss entsteht. Den Kuchen damit bestreichen.

Tipp:
Der Kuchen kann auch mit gut abgetropften Stachelbeeren oder entsteinten, abgetropften Mirabellen gebacken werden. Für den Guss den Puderzucker mit Zitronensaft oder Wasser verrühren.

Früchtekuchen „Kunterbunt"

Zubereitungszeit: 45 Min., ohne Abkühlzeit
Backzeit: etwa 30 Min.

Insgesamt:
E: 90 g, F: 217 g, Kh: 542 g, kJ: 21596, kcal: 5158

Für den Belag:

- **1 kleine Dose Pfirsichhälften (Abtropfgewicht 250 g)**
- **1 Glas Kaiserkirschen (Abtropfgewicht 400 g)**
- **1 Dose (12 Scheiben) Baby-Ananasscheiben (Abtropfgewicht 200 g)**
- **4 Kiwis**

Für den Teig:

- **200 g Weizenmehl**
- **1 Pck. Saucen-Pulver Vanille-Geschmack**
- **2 gestr. TL Backpulver**
- **175 g Zucker**
- **5 Eier (Größe M)**
- **1/2 Becher (75 g) Naturjoghurt**
- **150 g zerlassene, abgekühlte Butter oder Margarine**
- **100 g abgezogene, gemahlene Mandeln**

- **rote, gelbe und grüne Speisefarbe**

Für den Guss:

- **2 Pck. Tortenguss, klar**
- **500 ml (1/2 l) Fruchtsaft**

1 Für den Belag Pfirsichhälften, Kirschen und Ananasscheiben in einem Sieb gut abtropfen lassen. Den Saft dabei auffangen und 500 ml (1/2 l) davon abmessen. Kiwis schälen und in Scheiben schneiden.

2 Für den Teig Mehl mit Saucen-Pulver und Backpulver mischen, in eine verschließbare Schüssel (3-Liter-Inhalt) sieben, mit Zucker vermengen. Eier, Joghurt, Butter oder Margarine hinzufügen. Schüssel mit dem Deckel fest verschließen.

3 Mehrmals (insgesamt 15–30 Sekunden) kräftig schütteln, so dass alle Zutaten gut vermischt sind. Mandeln hinzugeben. Alles mit einem Schneebesen oder Rührlöffel nochmals sorgfältig durchrühren, damit vor allem trockene Zutaten vom Rand mit untergerührt werden.

4 Den Teig dritteln. Mit den Speisefarben jeweils ein Drittel rot, gelb und grün färben, dann in Klecksen auf ein Backblech (gefettet) geben und glatt streichen.

Jeden Teigklecks mit der passend farbigen Frucht belegen (grün mit Kiwischeiben, rosa mit Kirschen, gelb mit Ananasscheiben und Pfirsichspalten). Das Backblech in den Backofen schieben.

Ober-/Unterhitze: etwa 180 °C (vorgeheizt)
Heißluft: etwa 160 °C (vorgeheizt)
Gas: Stufe 2–3 (vorgeheizt)
Backzeit: etwa 30 Min.

5 Das Backblech auf einen Kuchenrost stellen. Den Kuchen erkalten lassen.

6 Für den Guss Tortengusspulver mit dem abgemessenen Fruchtsaft – aber ohne Zucker – nach Packungsanleitung zubereiten. Den Guss auf den Früchten verteilen. Guss fest werden lassen.

Schoko-Birnen-Kuchen

Zubereitungszeit: 30 Min.
Backzeit: etwa 30 Min.

Insgesamt:
E: 70 g, F: 241 g, Kh: 579 g, kJ: 20498, kcal: 4897

Zum Vorbereiten:
- **120 g Halbbitter-Kuvertüre**

Für den Belag:
- **1 Dose Birnenhälften (Abtropfgewicht 460 g)**

Für den Teig:
- **250 g Weizenmehl**
- **4 gestr. TL Backpulver**
- **200 g Zucker**
- **4 Eier (Größe M)**
- **125 g zerlassene, abgekühlte Butter oder Margarine**
- **125 ml (⅛ l) Schlagsahne**

Zum Besprenkeln:
- **80 g Halbbitter-Kuvertüre**

1 Zum Vorbereiten Kuvertüre in Stücke schneiden, in einem kleinen Topf im Wasserbad bei schwacher Hitze zu einer geschmeidigen Masse verrühren, etwas abkühlen lassen.

2 Für den Belag Birnenhälften in ein Sieb geben und gut abtropfen lassen.

3 Für den Teig Mehl mit Backpulver mischen, in eine verschließbare Schüssel (3-Liter-Inhalt) sieben, mit Zucker mischen. Eier, Butter oder Margarine, Sahne und zerlassene Kuvertüre hinzufügen, Schüssel mit dem Deckel fest verschließen. Mehrmals (insgesamt 15–30 Sekunden, je nach Menge der Zutaten) kräftig schütteln, so dass alle Zutaten gut vermischt sind. Alles mit einem Schneebesen oder Rührlöffel nochmals sorgfältig durchrühren, damit vor allem trockene Zutaten vom Rand mit untergerührt werden.

4 Den Teig auf ein Backblech (30 x 40 cm, gefettet) geben und glatt streichen.

5 Birnen in dünne Spalten schneiden und dachziegelartig auf den Teig legen. Das Backblech in den Backofen schieben.

Ober-/Unterhitze:
etwa 180 °C (vorgeheizt)
Heißluft: etwa 160 °C (vorgeheizt)
Gas: Stufe 2–3 (vorgeheizt)
Backzeit: etwa 30 Min.

6 Das Backblech auf einen Kuchenrost stellen, Kuchen erkalten lassen.

7 Zum Besprenkeln Kuvertüre in kleine Stücke schneiden, in einem kleinen Topf im Wasserbad bei schwacher Hitze zu einer geschmeidigen Masse verrühren. Den Kuchen mit der Kuvertüre besprenkeln.

Tipp:
Der Teig für den Schoko-Birnen-Kuchen kann zusätzlich mit 1 gestr. Teelöffel gemahlenem Zimt und 1 Prise gemahlenen Nelken gewürzt werden.

Apfel-Möhren-Kuchen

Vorwortfoto

Zubereitungszeit: 50 Min.
Backzeit: etwa 25 Min.

Insgesamt:
E: 71 g, F: 183 g, Kh: 497 g, kJ: 17215, kcal: 4110

Für den Teig:
- **300 g Weizenmehl**
- **4 gestr. TL Backpulver**
- **125 g Zucker**
- **1 Pck. Vanillin-Zucker**
- **1 Pck. Finesse Geriebene Zitronenschale**
- **3 Eier (Größe M)**
- **125 ml (1/8 l) Karottensaft mit Honig und Zitronensaft**
- **125 ml (1/8 l) Speiseöl**

Für den Belag:
- **750 g mittelgroße Äpfel**
- **einige ganze, abgezogene Mandeln**
- **2 EL Rum-Rosinen**
- **1 EL Erdbeerkonfitüre**

Zum Bestreuen:
- **50 g abgezogene, gehobelte Mandeln**

Zum Bestäuben:
- **25 g Puderzucker**

1 Für den Teig Mehl mit Backpulver mischen, in eine verschließbare Schüssel (3-Liter-Inhalt) sieben, mit Zucker, Vanillin-Zucker und Zitronenschale vermengen. Eier, Karottensaft und Speiseöl hinzufügen. Schüssel mit dem Deckel fest verschließen.

2 Mehrmals (insgesamt 15–30 Sekunden) kräftig schütteln, so dass alle Zutaten gut vermischt sind. Alles mit einem Schneebesen oder Rührlöffel nochmals sorgfältig durchrühren, damit vor allem trockene Zutaten vom Rand mit untergerührt werden.

3 Den Teig auf ein Backblech (30 x 40 cm, gefettet, bemehlt) geben und glatt streichen. Vor den Teig einen mehrmals geknickten Streifen Alufolie legen.

4 Für den Belag Äpfel schälen, mit einem Apfelausstecher das Kerngehäuse entfernen. Die Äpfel in etwa 1 cm dicke Scheiben schneiden. Apfelscheiben auf den Teig legen. Die Löcher der Apfelscheiben abwechselnd mit je 1 Mandel und den Rosinen füllen oder mit Konfitüre füllen. Die gehobelten Mandeln auf den Teig streuen.

5 Die Apfelscheiben mit Puderzucker bestäuben. Das Backblech in den Backofen schieben.

Ober-/Unterhitze:
etwa 180 °C (vorgeheizt)
Heißluft: etwa 160 °C (vorgeheizt)
Gas: Stufe 2–3 (vorgeheizt)
Backzeit: etwa 25 Min.

6 Das Backblech auf einen Kuchenrost stellen. Kuchen erkalten lassen.

Tipp:
Die Apfelringe können auch mit Preiselbeeren aus dem Glas gefüllt werden.

Stachelbeer-Schmand-Kuchen

Zubereitungszeit: 35 Min., ohne Kühlzeit
Backzeit: 20–25 Min.

Insgesamt:
E: 88 g, F: 494 g, Kh: 855 g, kJ: 36096, kcal: 8624

Für den Teig:
- **375 g Weizenmehl**
- **3 gestr. TL Backpulver**
- **200 g Zucker**
- **1 Pck. Finesse Amaretto-Bittermandel-Aroma**
- **1 Ei (Größe M)**
- **250 g zerlassene, abgekühlte Butter oder Margarine**
- **100 ml Amaretto-Likör**
- **100 g gehackte Zartbitterschokolade**

Für den Belag:
- **1 Glas Stachelbeeren (Abtropfgewicht 395 g)**
- **50 g Amarettini (italienisches Mandelgebäck)**

Für die Creme:
- **400 g Schmand (24 % Fett)**
- **150 g Gelierzucker (1:1-Produkt)**
- **500 ml (1/2 l) Schlagsahne**
- **Saft von 1 Zitrone**

Nach Belieben zum Verzieren:
- **aufgelöste Zartbitterschokolade**

1 Für den Teig Mehl mit Backpulver mischen, in eine verschließbare Schüssel (3-Liter-Inhalt) sieben, mit Zucker und Aroma vermengen. Ei, Butter oder Margarine und Likör hinzufügen. Schüssel mit dem Deckel fest verschließen.

2 Mehrmals (insgesamt 15–30 Sekunden) kräftig schütteln, so dass alle Zutaten gut vermischt sind. Schokolade hinzugeben. Alles mit einem Schneebesen oder Rührlöffel nochmals sorgfältig durchrühren, damit vor allem trockene Zutaten vom Rand mit untergerührt werden.

3 Den Teig auf ein Backblech (30 x 40 cm, gefettet, mit Backpapier belegt) geben und glatt streichen.

4 Für den Belag Stachelbeeren in einem Sieb gut abtropfen lassen. Stachelbeeren und Amarettini gleichmäßig auf dem Teig verteilen und leicht andrücken. Das Backblech in den Backofen schieben.

Ober-/Unterhitze:
180–200 °C (vorgeheizt)
Heißluft: 160–180 °C (vorgeheizt)
Gas: etwa Stufe 3 (vorgeheizt)
Backzeit: 20–25 Min.

5 Das Backblech auf einen Kuchenrost stellen. Kuchen erkalten lassen.

6 Für die Creme Schmand mit Gelierzucker gut verrühren. Sahne steif schlagen und zusammen mit dem Zitronensaft unter die Schmand-Masse heben. Die Hälfte der Creme in einen Spritzbeutel mit kleiner Lochtülle füllen. Restliche Creme auf die Stachelbeeren geben und glatt streichen. Die Creme aus dem Spritzbeutel in Streifen auf den Kuchen spritzen. Kuchen kalt stellen.

7 Nach Belieben den Kuchen mit aufgelöster Schokolade besprenkeln.

Tipp:
Anstatt mit Amaretto-Likör kann der Kuchenteig auch mit Schokoladensirup zubereitet werden. Dafür 75 ml Schokosirup mit 25 ml Wasser oder Milch verrühren.

Apfel-Aprikosen-Kuchen

(1 Tasse ≙ 150 ml Inhalt)

Zubereitungszeit: 50 Min., ohne Kühlzeit
Backzeit: etwa 25 Min.

Insgesamt:
E: 105 g, F: 260 g, Kh: 665 g, kJ: 23415, kcal: 5595

Für den Teig:
- **3 Tassen (je 110 g) Weizenmehl**
- **3 gestr. TL Backpulver**
- **1 Tasse (150 g) Zucker**
- **4 Eier (Größe M)**
- **1 Pck. Finesse Geriebene Zitronenschale**
- **1 Tasse (150 ml) Apfelsaft**
- **1 Tasse (150 ml) Speiseöl**

Für die Füllung:
- **200 ml Apfelschorle oder Apfelsaft**
- **1 Pck. Tortenguss, klar**
- **1 TL Zucker**
- **1 Glas Apfel-Aprikosen-Dessert (Einwaage 710 g)**

Für den Belag:
- **200 ml Schlagsahne**
- **250 g Magerquark**
- **1 Pck. Quarkfein Vanille-Geschmack (Dessertpulver)**

Zum Bestreuen:
- **25 g gebräunte Kokosraspel**

1 Für den Teig Mehl mit Backpulver mischen, in eine verschließbare Schüssel (3-Liter-Inhalt) sieben, mit Zucker vermengen. Eier, Zitronenschale, Apfelsaft und Speiseöl hinzufügen. Schüssel mit dem Deckel fest verschließen.

2 Mehrmals (insgesamt 15–30 Sekunden) kräftig schütteln, so dass alle Zutaten gut vermischt sind. Alles mit einem Schneebesen oder Rührlöffel nochmals sorgfältig durchrühren, damit vor allem trockene Zutaten vom Rand mit untergerührt werden.

3 Den Teig auf ein Backblech (30 x 40 cm, gefettet, bemehlt) geben und glatt streichen. Vor den Teig einen mehrfach umgeknickten Streifen Alufolie legen. Das Backblech in den Backofen schieben.

Ober-/Unterhitze:
etwa 180 °C (vorgeheizt)
Heißluft: etwa 160 °C (vorgeheizt)
Gas: Stufe 2–3 (vorgeheizt)
Backzeit: etwa 25 Min.

4 Das Backblech auf einen Kuchenrost stellen und den Kuchen erkalten lassen.

5 Für die Füllung Apfelschorle oder Apfelsaft mit Tortengusspulver und Zucker nach Packungsanleitung zubereiten. Apfel-Aprikosen-Dessert unterrühren. Die Fruchtmasse auf dem Kuchen verteilen. Kuchen etwa 1 Stunde kalt stellen.

6 Für den Belag Sahne, Quark und Quarkfein nach Packungsanleitung zubereiten. Kuchen in Stücke schneiden und jeweils mit einem Teelöffel kleine Häufchen von der Quarkmasse auf die Kuchenstücke geben. Mit Kokosraspeln bestreuen. Kuchenstücke etwa 30 Minuten kalt stellen.

Schokoquadrate mit Physalis

Zubereitungszeit: 45 Min.,
ohne Abkühlzeit
Backzeit: etwa 30 Min.

Insgesamt:
E: 90 g, F: 343 g, Kh: 400 g,
kJ: 21927, kcal: 5240

Zum Vorbereiten:
- **100 g Zartbitterschokolade**
- **200 g weiße Schokolade mit Crunch**

Für den Teig:
- **170 g Weizenmehl**
- **2 gestr. TL Backpulver**
- **1 EL Kakaopulver**
- **70 g Zucker**
- **3 Eier (Größe M)**
- **120 g zerlassene, abgekühlte Butter oder Margarine**
- **100 ml Milch**

Für den Belag:
- **1 Pck. (200 g) Doppelrahm-Frischkäse**
- **200 ml Schlagsahne**
- **1 EL gesiebter Puderzucker**
- **1 Pck. Sahnesteif**
- **25 g Physalis (Kapstachelbeeren)**

Nach Belieben zum Garnieren:
- **weiße, geschabte Schokolade**

1 Zum Vorbereiten Zartbitterschokolade in kleine Stücke brechen, in einem kleinen Topf im Wasserbad bei schwacher Hitze zu einer geschmeidigen Masse verrühren. Weiße Schokolade fein hacken.

2 Für den Teig Mehl mit Backpulver und Kakao mischen, in eine verschließbare Schüssel (3-Liter-Inhalt) sieben, mit Zucker vermengen. Eier, Butter oder Margarine, aufgelöste Zartbitterschokolade und Milch hinzufügen. Schüssel mit dem Deckel fest verschließen.

3 Mehrmals (insgesamt 15–30 Sekunden) kräftig schütteln, so dass alle Zutaten gut vermischt sind. Gehackte, weiße Schokolade hinzugeben. Alles mit einem Schneebesen oder Rührlöffel nochmals sorgfältig durchrühren, damit vor allem trockene Zutaten vom Rand mit untergerührt werden.

4 Einen Backrahmen (25 x 25 cm) auf ein Backblech (mit Backpapier belegt) setzen. Den Teig in den Backrahmen geben und glatt streichen. Das Backblech in den Backofen schieben.

Ober-/Unterhitze:
etwa 180 °C (vorgeheizt)
Heißluft: etwa 160 °C (vorgeheizt)
Gas: Stufe 2–3 (vorgeheizt)
Backzeit: etwa 30 Min.

5 Das Backblech auf einen Kuchenrost stellen. Kuchen erkalten lassen. Dann Backrahmen entfernen und den Kuchen in Quadrate (5 x 5 cm) schneiden.

6 Für den Belag Frischkäse und Sahne mit Handrührgerät mit Rührbesen auf höchster Stufe 1/2 Minute schlagen. Puderzucker mit Sahnesteif mischen und einrieseln lassen. Sahnemasse cremig schlagen und esslöffelweise auf je ein Gebäck-Quadrat geben.

7 Zum Garnieren die Hüllen der Kapstachelbeeren öffnen und über der Frucht zusammendrehen. Je eine Stachelbeere auf die Sahnecreme geben.

8 Nach Belieben mit Schokoladenlocken garnieren.

Ananasblechkuchen mit Kokosstreuseln

Zubereitungszeit: 40 Min.
Backzeit: etwa 30 Min.

Insgesamt:
E: 104 g, F: 381 g, Kh: 712 g, kJ: 28935, kcal: 6913

Zum Vorbereiten:
- **1 Dose Ananasringe (Abtropfgewicht 490 g)**

Für die Streusel:
- **125 g weiche Butter**
- **150 g Weizenmehl**
- **80 g Zucker**
- **1 Prise Salz**
- **120 g Kokosraspel**

Für den Teig:
- **350 g Weizenmehl**
- **1 Pck. Backpulver**
- **175 g Zucker**
- **1 Pck. Vanillin-Zucker**
- **5 Eier (Größe M)**
- **200 g zerlassene, abgekühlte Butter oder Margarine**
- **150 ml Ananassaft**

1 Zum Vorbereiten Ananas zum Abtropfen in ein Sieb geben, Saft dabei auffangen. Anschließend die Ananas in kleine Stücke schneiden.

2 Für die Streusel Butter, Mehl, Zucker, Salz und Kokosraspel in eine Schüssel geben und mit den Händen krümelig verkneten. Die Streusel beiseite stellen.

3 Für den Teig Mehl mit Backpulver mischen, in eine verschließbare Schüssel (3-Liter-Inhalt) sieben, mit Zucker und Vanillin-Zucker mischen. Eier, Butter oder Margarine und Ananassaft hinzufügen, Schüssel mit dem Deckel fest verschließen. Mehrmals (insgesamt 15–30 Sekunden, je nach Menge der Zutaten) kräftig schütteln, so dass alle Zutaten gut vermischt sind. Alles mit einem Schneebesen oder Rührlöffel nochmals sorgfältig durchrühren, damit vor allem trockene Zutaten vom Rand mit untergerührt werden.

4 Teig auf ein Backblech (30x40 cm, gefettet, bemehlt) geben und glatt streichen. Ananasstücke auf dem Teig verteilen, Streusel darüber streuen. Das Backblech in den Backofen schieben.

Ober-/Unterhitze:
etwa 200 °C (vorgeheizt)
Heißluft: etwa 180 °C (vorgeheizt)
Gas: Stufe 3–4 (vorgeheizt)
Backzeit: etwa 30 Min.

5 Backblech auf einen Kuchenrost stellen, den Kuchen erkalten lassen.

Tipp:
Der Teig kann zusätzlich mit 1 Pck. geriebener Zitronenschale und die Streusel können mit 1 Msp. gemahlenem Zimt gewürzt werden.

Exotic-Muffins

Zubereitungszeit: 40 Min.
Backzeit: etwa 30 Min.

Insgesamt:
E: 45 g, F: 94 g, Kh: 542 g, kJ: 13823, kcal: 3303

Für den Teig:
- **1 Becher (250 ml [1/4 l]) Schlagsahne**
- **1 Becher (150 g) Weizenmehl**
- **1 gestr. TL Backpulver**
- **1/2 Becher (100 g) brauner Zucker**
- **1 Pck. Bourbon-Vanille-Zucker**
- **2 Eier (Größe M)**
- **1/2 Becher (125 ml [1/8 l]) Ahornsirup**
- **1/2 Becher (50 g) Semmelbrösel**
- **1 1/2 Becher (200 g) Exotic Mix (Tropische Fruchtmischung)**

Für den Belag:
- **1 Apfel**
- **2 EL brauner Zucker**

1 Für den Teig Sahne in eine verschließbare Schüssel (3-Liter-Inhalt) geben. Becher auswaschen und trocknen. Mehl mit Backpulver mischen, sieben, mit Zucker und Vanille-Zucker vermengen, zusammen mit Eiern und Sirup zu der Sahne geben. Schüssel mit dem Deckel fest verschließen.

2 Mehrmals (insgesamt 15–30 Sekunden) kräftig schütteln, so dass alle Zutaten gut vermischt sind. Semmelbrösel und zwei Drittel von der Fruchtmischung (grob gehackt) hinzufügen. Alles mit einem Schneebesen oder Rührlöffel nochmals sorgfältig durchrühren, damit vor allem trockene Zutaten vom Rand mit untergerührt werden.

3 Den Teig in eine Muffinform (für 12 Muffins, gefettet, bemehlt) füllen.

4 Für den Belag Apfel schälen, mit einem Apfelausstecher das Kerngehäuse entfernen und in 12 Scheiben schneiden. Den Teig zuerst mit der restlichen Fruchtmischung (grob gehackt) bestreuen. Apfelscheiben darauf legen und mit Zucker bestreuen. Die Form auf dem Rost in den Backofen schieben.

Ober-/Unterhitze:
etwa 200 °C (vorgeheizt)
Heißluft: etwa 180 °C (vorgeheizt)
Gas: Stufe 3–4 (vorgeheizt)
Backzeit: etwa 30 Min.

5 Die Muffins 10 Minuten in der Form stehen lassen, dann aus der Form lösen und auf einem Kuchenrost erkalten lassen.

Tipp:
Papierbackförmchen in die ungefettete, nicht bemehlte Muffinsform stellen oder den Teig in 24 zweifach ineinander gestellte Papierförmchen füllen.

Erdbeer-Joghurt-Törtchen

Zubereitungszeit: 45 Min., ohne Kühlzeit
Backzeit: etwa 15 Min., je Backblech.

Insgesamt:
E: 47 g, F: 115 g, Kh: 356 g, kJ: 11526, kcal: 2750

Für den Teig:

- **125 g Weizenmehl**
- **1 gestr. TL Backpulver**
- **75 g Zucker**
- **1 Pck. Vanillin-Zucker**
- **2 Eier (Größe M)**
- **100 g zerlassene, abgekühlte Butter oder Margarine**
- **3 EL Milch**
- **4 Erdbeer-Joghurt-Riegel (50 g)**

Für den Belag:

- **300 g frische Erdbeeren**
- **2 Becher (300 g) Naturjoghurt**
- **1 Pck. Quarkfein Erdbeer-Geschmack (Dessertpulver)**

Zum Garnieren:

- **einige Erdbeer-Joghurt-Riegel**
- **Minzeblättchen**

Zum Bestäuben:

- **Puderzucker**

1 Für den Teig Mehl mit Backpulver mischen, in eine verschließbare Schüssel (3-Liter-Inhalt) sieben, mit Zucker und Vanillin-Zucker vermengen. Eier, Butter oder Margarine und Milch hinzufügen. Schüssel mit dem Deckel fest verschließen.

2 Mehrmals (insgesamt 15–30 Sekunden) kräftig schütteln, so dass alle Zutaten gut vermischt sind. Erdbeer-Joghurt-Riegel in kleine Würfel schneiden und hinzugeben. Alles mit einem Schneebesen oder Rührlöffel nochmals sorgfältig durchrühren, damit vor allem trockene Zutaten vom Rand mit untergerührt werden.

3 Mit einem Esslöffel insgesamt 12 Teighäufchen (nicht zu dicht) auf 2 Backbleche (gefettet, mit Backpapier belegt) setzen. Die Backbleche nacheinander (bei Heißluft zusammen) in den Backofen schieben.

Ober-/Unterhitze:
etwa 180 °C (vorgeheizt)
Heißluft: etwa 160 °C (vorgeheizt)
Gas: Stufe 2–3 (vorgeheizt)
Backzeit: etwa 15 Min., je Backblech.

4 Das Gebäck vom Backpapier lösen und einzeln auf einem Kuchenrost erkalten lassen.

5 Für den Belag Erdbeeren waschen, abtropfen lassen, entstielen und in kleine Würfel schneiden (3–4 Erdbeeren zum Garnieren beiseite stellen).

6 Joghurt mit Quarkfein nach Packungsanleitung verrühren, Erdbeerwürfel unterheben.

7 Sechs Gebäckstücke mit je 2 Esslöffeln der Erdbeermasse bestreichen und mit den restlichen 6 Gebäckstücke belegen. Restliche Erdbeermasse darauf verteilen.

8 Zum Garnieren die Törtchen mit den zurückgelassenen, in Scheiben geschnittenen Erdbeeren und den in Scheiben geschnittenen Erdbeer-Joghurt-Riegeln garnieren. Die Törtchen etwa 30 Minuten kalt stellen.

9 Die Törtchen vor dem Servieren mit Minzeblättchen belegen und mit Puderzucker bestäuben.

Nuss-Beeren-Törtchen

Zubereitungszeit: 35 Min.
Backzeit: etwa 30 Min.

Insgesamt:
E: 70 g, F: 277 g, Kh: 291 g, kJ: 17072, kcal: 4077

Für den Teig:
- **130 g Weizenmehl**
- **2 gestr. TL Backpulver**
- **130 g Zucker**
- **4 Eier (Größe M)**
- **200 g zerlassene, abgekühlte Butter oder Margarine**
- **8 EL Milch**
- **130 g gemahlene Haselnusskerne**

Zum Ausstreuen:
- **1–2 EL Semmelbrösel**

Für den Belag:
- **150 g TK-Heidelbeeren**

Zum Bestäuben:
- **Puderzucker**

1 Für den Teig Mehl mit Backpulver mischen, in eine verschließbare Schüssel (3-Liter-Inhalt) sieben, mit Zucker mischen. Eier, Butter oder Margarine und Milch hinzufügen, Schüssel mit dem Deckel fest verschließen. Mehrmals (insgesamt 15–30 Sekunden, je nach Menge der Zutaten) kräftig schütteln, so dass alle Zutaten gut vermischt sind, Haselnusskerne hinzugeben. Alles mit einem Schneebesen oder Rührlöffel nochmals sorgfältig durchrühren, damit vor allem trockene Zutaten vom Rand mit untergerührt werden.

2 Teig in 12 Muffinsförmchen (gefettet, mit Semmelbröseln ausgestreut) füllen.

3 Für den Belag die gefrorenen Heidelbeeren auf dem Teig verteilen. Form auf dem Rost in den Backofen schieben.

Ober-/Unterhitze:
etwa 200 °C (vorgeheizt)
Heißluft: etwa 180 °C (vorgeheizt)
Gas: Stufe 3–4 (vorgeheizt)
Backzeit: etwa 30 Min.

4 Törtchen 10 Minuten in der Form stehen lassen, aus den Förmchen lösen und auf einem Kuchenrost erkalten lassen.

5 Zum Bestäuben Törtchen kurz vor dem Servieren mit Puderzucker bestäuben.

Tipp:
Bereiten Sie die Törtchen statt mit Heidelbeeren mit Himbeeren zu.

Nektarinen-Muffins

(1 Tasse ≙ 150 ml Inhalt)

Zubereitungszeit: 40 Min.,
ohne Abkühlzeit
Backzeit: etwa 30 Min.

Insgesamt:
E: 39 g, F: 105 g, Kh: 249 g,
kJ: 9102, kcal: 2174

Für den Teig:

- **3 Tassen kleine Weißbrotwürfel oder 70 g Brötchen vom Vortag**
- **½ Tasse (75 g) Zucker**
- **1 Pck. Vanillin-Zucker**
- **knapp 1 Tasse (75 g) Weizenmehl**
- **1 gestr. TL Backpulver**
- **2 Eier (Größe M)**
- **1 Becher (200 ml) Schlagsahne**
- **2 Tassen (200 g) in kleine Würfel geschnittene Nektarinen (etwa 4 Stück)**

Für den Belag:

- **1 Nektarine**
- **25 g Butter**

Zum Bestreuen:

- **etwas Zimt-Zucker**
- **1 EL abgezogene, gestiftelte Mandeln**

Für den Guss:

- **2 EL Himbeer- oder Johannisbeergelee**

1 Für den Teig Weißbrot- oder Brötchenwürfel in eine verschließbare Schüssel (3-Liter-Inhalt) geben, mit Zucker, Vanillin-Zucker, Mehl und Backpulver mischen. Eier und Sahne hinzufügen. Schüssel mit dem Deckel fest verschließen.

2 Mehrmals (insgesamt 15–30 Sekunden) kräftig schütteln, so dass alle Zutaten gut vermischt sind. Alles mit einem Schneebesen oder Rührlöffel nochmals sorgfältig durchrühren, damit vor allem trockene Zutaten vom Rand mit untergerührt werden. Nektarinenwürfel vorsichtig unterheben.

3 Den Teig in eine Muffinform (für 12 Muffins, gefettet) füllen.

4 Für den Belag Nektarine waschen, trockentupfen, halbieren, entsteinen und in 12 Spalten schneiden. Den Teig mit den Nektarinenspalten belegen. Butterflöckchen darauf setzen und mit Zimt-Zucker und Mandeln bestreuen. Die Form auf dem Rost in den Backofen schieben.

Ober-/Unterhitze:
etwa 180 °C (vorgeheizt)
Heißluft: etwa 160 °C (vorgeheizt)
Gas: Stufe 2–3 (vorgeheizt)
Backzeit: etwa 30 Min.

5 Die Muffins 10 Minuten in der Form stehen lassen, dann vorsichtig aus der Form lösen. Muffins auf einem Kuchenrost erkalten lassen.

6 Für den Guss Himbeer- oder Johannisbeergelee in einem kleinen Topf unter Rühren aufkochen lassen. Das Gelee mit einem Teelöffel auf den Muffins verteilen.

Tipp:
Anstatt der Nektarinen können auch Pfirsiche oder Aprikosen verwendet werden. Für den Guss können auch 2–3 Esslöffel durch ein Sieb gestrichene Aprikosenkonfitüre verwendet werden.

Bananen-Muffins mit Cornflakes

Zubereitungszeit: 45 Min., ohne Abkühlzeit
Backzeit: etwa 30 Min.

Insgesamt:
E: 53 g, F: 97 g, Kh: 342 g, kJ: 10693, kcal: 2556

Für den Teig:

- **125 g Weizenmehl**
- **1½ gestr. TL Backpulver**
- **100 g Rohrzucker**
- **3 Eier (Größe M)**
- **1 Pck. Finesse Geriebene Zitronenschale oder Finesse Orangenfrucht**
- **75 g zerlassene, abgekühlte Butter oder Margarine**
- **125 g saure Sahne**
- **2 Bananen**
- **1 EL Zitronensaft**
- **100 g zerdrückte Cornflakes**

Zum Bestreuen:

- **2 EL Cornflakes**
- **1 geh. TL Rohrzucker**

Nach Belieben zum Verzieren und Garnieren:

- **aufgelöste Zartbitter-schokolade**
- **Bananenscheiben**

1 Für den Teig Mehl mit Backpulver mischen, in eine verschließbare Schüssel (3-Liter-Inhalt) sieben, mit Zucker vermengen. Eier, Zitronenschale oder Orangenfrucht, Butter oder Margarine und Sahne hinzufügen. Schüssel mit dem Deckel fest verschließen. Mehrmals (insgesamt 15–30 Sekunden) kräftig schütteln, so dass alle Zutaten gut vermischt sind. Alles mit einem Schneebesen oder Rührlöffel nochmals sorgfältig durchrühren, damit vor allem trockene Zutaten vom Rand mit untergerührt werden.

2 Bananen schälen, Zitronensaft hinzufügen, mit einer Gabel zerdrücken und mit den Cornflakes unter den Teig rühren.

3 Den Teig in eine Muffinform (für 12 Muffins, gefettet, bemehlt) füllen.

4 Zum Bestreuen Cornflakes leicht zerdrücken und mit Zucker mischen. Cornflakes-Zucker-Mischung auf den Teig streuen. Die Form auf dem Rost in den Backofen schieben.

Ober-/Unterhitze: 180–200 °C (vorgeheizt)
Heißluft: 160–180 °C (vorgeheizt)
Gas: etwa Stufe 3 (vorgeheizt)
Backzeit: etwa 30 Min.

5 Die Muffins 10 Minuten in der Form stehen lassen, dann aus der Form lösen und auf einem Kuchenrost erkalten lassen.

6 Nach Belieben die Muffins mit aufgelöster Schokolade verzieren und mit Bananenscheiben garnieren.

Tipp:
Für Bananen-Walnuss-Waffeln ein Drittel der Cornflakes für den Teig durch gehackte Walnusskerne ersetzen. Zum Bestreuen einen Esslöffel Cornflakes durch 20 g gehackte Walnusskerne ersetzen.

Themenregister

Kuchen aus der Form

Torten

Kuchen vom Blech

Muffins und Kleingebäck

Alphabetisches Register

Umwelthinweis Dieses Buch und der Einband wurden auf chlorfrei gebleichtem Papier gedruckt. Die Einschrumpffolie – zum Schutz vor Verschmutzung – ist aus umweltfreundlichem und recyclingfähigem PE-Material.

Wenn Sie Rezeptanregungen, Vorschläge oder Fragen zu unseren Büchern haben, rufen Sie uns unter folgender Nummer an (05 21) 1 55 25 80 oder 52 06 58 oder schreiben Sie uns:
Dr. Oetker Verlag KG, Redaktion, Am Bach 11, 33602 Bielefeld.

Bei den in diesem Buch verwendeten Rezeptnamen handelt es sich zum Teil um eingetragene Marken.

Wir danken für die freundliche Unterstützung
Bahlsen, Hannover
Kraft Foods, Bremen
August Storck, Berlin

Redaktion Jasmin Gromzik, Miriam Krampitz

Titelfoto Thomas Diercks, Hamburg
Innenfotos Thomas Diercks, Hamburg
Bernd Lippert, Bielefeld
Brigitte Wegner, Bielefeld

Rezeptentwicklung und -beratung
Claudia Glünz-Wunder, Nordhorn
Eike Upmeier-Lorenz, Herford
Mechthild Plogmaker, Versuchsküche Dr. Oetker, Bielefeld
Annette Elges, Bielefeld

Grafisches Konzept Björn Carstensen, Hamburg
Gestaltung MDH Haselhorst, Bielefeld
Einbandgestaltung KonturDesign GmbH, Bielefeld

Druck Firmengruppe Appl, Wemding

ISBN 3-7670-0690-1